Sudamérica:
infraestructura e integración

Laura Maira Bono

SUDAMÉRICA:
INFRAESTRUCTURA E INTEGRACIÓN

La Hidrovía Paraná-Paraguay

teseo

Bono, Laura Maira
Sudamérica : infraestructura e Integración : la hidrovía Paraná Paraguay /
Laura Maira Bono. - 1a ed . - Ciudad Autónoma de Buenos Aires : Teseo, 2015.
178 p. ; 20 x 13 cm.
ISBN 978-987-723-048-2
1. Infraestructuras . 2. Integración. 3. América del Sur. I. Título.
CDD 338.9

teseo t

© Editorial Teseo, 2015

Buenos Aires, Argentina

ISBN 978-987-723-048-2

Editorial Teseo

Hecho el depósito que previene la ley 11.723

Para sugerencias o comentarios acerca del contenido de esta obra,
escríbanos a: **info@editorialteseo.com**

www.editorialteseo.com

ÍNDICE

*A mis padres, a mi esposo y a mis hijos,
Patricio y María Victoria,
sin cuyo apoyo habría sido imposible concluir esta etapa*

*Al Magíster Daniel Berrettoni, por su guía y su
comprensión*

*A mi colega y amiga Laura Lucia Bogado Bordazar,
por su incondicional presencia*

Acrónimos y siglas

ALCSA, Asociación de Libre Comercio de Sudamérica
ALCA, Asociación de Libre Comercio de las Américas
API, Agenda de Proyectos Prioritarios
BID, Banco Interamericano de Desarrollo
BM, Banco Mundial
CAF, Corporación Andina de Fomento
CAN, Comunidad Andina de Naciones
CCT, Consejo de Coordinación Técnica
CDE, Comité de Dirección Ejecutiva
CECA, Comunidad Europea del Carbón y del Acero
CELAC, Comunidad de Estados Latinoamericanos y
	Caribeños
CEPAL, Comisión Económica para América Latina
CIH, Comité Intergubernamental de la Hidrovía
	Paraná-Paraguay
COMTRADE, Commodity Trade Statistics Database
COSIPLAN, Consejo de Planeamiento
CsNs, Coordinaciones Nacionales
CSN, Comunidad Sudamericana de Naciones
DGEEC, Dirección General de Estadísticas, Encuestas y
	Censos de Paraguay
EEUU, Estados Unidos
EID, Ejes de Integración y Desarrollo
FEM, Fondo Económico Mundial
FMI, Fondo Monetario Internacional
FONPLATA, Fondo para la Cuenca del Plata

FOCEM, Fondo de Convergencia Estructural del
    MERCOSUR
HPP, Hidrovía Paraná-Paraguay
IBGE, Instituto Brasilero de Geografía y Estadística
IIRSA, Iniciativa para la Integración de la Infraestructura
    Regional Sudamericana
INDEC, Índice Nacional de Estadísticas y Censo de
    Argentina
INE, Índice Nacional de Estadísticas de Chile
INE, Índice Nacional de Estadísticas de Uruguay
INTAL, Instituto para la Integración de América Latina y
    el Caribe
NAFTA, North American Free Trade Agreement
MERCOSUR. Mercado Común del Sur
ONG, Organización no Gubernamental
PBI, Producto Bruto Interno
PPP. Plan Puebla Panamá
PSI, Proyectos Sectoriales de Integración
TLC, Tratado de Libre Comercio
UE, Unión Europea
UNASUR, Unión de Naciones Suramericanas

Introducción

A inicios del presente milenio, los Estados sudamericanos comenzaron a incorporar en sus agendas, como uno de los temas prioritarios, la necesidad de actualizar y de incrementar la infraestructura existente en la región con el fin de promover y profundizar la integración entre los países del subcontinente.

Ello puede apreciarse en las palabras utilizadas en el Comunicado de Brasilia[1] del año 2000, emitido en el marco de la Reunión de Presidentes de América del Sur celebrada los días 31 de agosto y 1 de septiembre en conmemoración de los 500 años del descubrimiento del Brasil, documento al que puede considerarse como el inicio de una nueva etapa en la integración sudamericana:

Los mandatarios de la región tomaron nota con especial satisfacción del Plan de Acción para la Integración de la Infraestructura Regional en América del Sur (Anexo), que contiene sugerencias y propuestas, con un horizonte de diez años, para la ampliación y la modernización de la infraestructura física de América del Sur, en especial en las áreas de energía, transportes y comunicaciones, con la finalidad de configurar ejes de integración y de desarrollo económico y social para el futuro espacio económico ampliado de la región, teniendo presente, en particular, la situación de los países que enfrentan dificultades geográficas para tener acceso por vía marítima a los mercados internacionales. El

---

[1]   Ver documento completo en el anexo.

mencionado Plan de Acción, elaborado por el BID [Banco Interamericano de Desarrollo], se valió ampliamente de aportes de la CAF [Corporación Andina de Fomento] y contó además con insumos de otros organismos regionales relevantes y de los países suramericanos.[2]

Se pueden mencionar varios factores que han impulsado a la infraestructura física como parte de las agendas de integración de la región. Uno de ellos es la necesidad de mejorar y de crear condiciones adecuadas para el transporte entre los países de la región, así como de profundizar la matriz energética, lo que responde en parte a la situación del comercio internacional y al sostenido crecimiento económico que presentó la región en los últimos diez años. Por otra parte y en virtud de dicho crecimiento, se puso en evidencia la ausencia de infraestructura o su deficiencia, lo que respondía a las exigencias de la década de 1970, en el mejor de los casos.

A pesar de los avances logrados en el sector de infraestructura en la mayoría de los países de la región en el transcurso de los últimos 25 años, se observa un claro rezago con respecto a los países desarrollados y a los países de crecimiento más dinámico del sudeste de Asia, en términos de la evolución del acervo y calidad de sus sistemas de infraestructura, así como en la cobertura de los servicios públicos (…) las diferencias en el acervo (stock) de capital en infraestructura entre América Latina y el sudeste asiático aumentaron significativamente entre 1980 y 2005, acentuándose la brecha que ya existía en favor de los países asiáticos en los segmentos de energía eléctrica y de telecomunicaciones, a la vez que se revirtió la ventaja que los países latinoamericanos tenían sobre sus pares asiáticos en el transporte terrestre. (Rozas: 2010:59)

---

[2]   Punto 39 del Comunicado de Brasilia de 2000.

Para América Latina en su conjunto, se calcula que el ritmo de crecimiento del stock efectivo en infraestructura de transporte por habitante fue de 1,6% anual para el período 1995-2008, mientras el ritmo de crecimiento de la demanda de infraestructura de transporte fue de 6,8% anual para el mismo período. Esto nos indica que la brecha de crecimiento es importante. Se insiste en que las estimaciones indican un mayor crecimiento de la demanda de infraestructura de transporte que de la oferta y lo más preocupante es que la evolución de la brecha en infraestructura de transporte aumenta durante todo el período analizado. (CEPAL: 2010)[3]

Como respuesta al déficit descripto, se plasmó en el anexo del Comunicado de Brasilia anteriormente mencionado un plan de acción denominado "Iniciativa para la Integración de la Infraestructura Regional Sudamericana" (IIRSA), que sugiere "la ampliación y la modernización de la infraestructura física de América del Sur, en especial en las áreas de energía, transportes y comunicaciones, *con la finalidad de configurar ejes de integración y de desarrollo económico y social para el futuro espacio económico ampliado de la región*, teniendo presente, en particular, la situación de los países que enfrentan dificultades geográficas para tener acceso por vía marítima a los mercados internacionales."

Como puede apreciarse, los proyectos de infraestructura que mencionamos tienen, en su origen, una estrecha vinculación con dos factores esenciales: el primero es la necesidad de insertar a la región sudamericana en el mercado global y regional, en el marco del llamado regionalismo abierto, y el segundo es la profundización de la integración regional mediante los corredores proyectados en la iniciativa.

---

3   "Diagnóstico sobre las restricciones al desarrollo y a una integración económica más profunda. División de Recursos Naturales e Infraestructura", *CEPAL*, Edición N.º 7, 2010.

Sobre estos últimos puntos se diagrama el presente trabajo, en el cual la pregunta que subyace consiste en saber si los corredores de infraestructura, diagramados por IIRSA, constituyen verdaderos ejes de integración, y en caso afirmativo corresponde analizar a qué tipo de integración responden: si tienden a favorecer la integración endógena o intrarregional o exógena de la región con el resto del mundo.

A los efectos de poder responder a estos interrogantes y teniendo en consideración la amplitud de los proyectos de la cartera IIRSA, hemos elegido una zona o región de influencia para desarrollar esta tarea: la región donde se implementa el Programa de la Hidrovía Paraná-Paraguay (HPP).

El análisis se centrará en este corredor fluvial internacional que tiene como estados parte a Argentina, Brasil, Bolivia, Paraguay y Uruguay. Las variables de análisis serán la integración comercial de estos países en relación con el proyecto y la influencia política de Brasil en este.

Asimismo efectuaremos un recorte temporal en el análisis, constituido por el período 2000-2010, ya que entendemos que es lo suficientemente amplio como para permitirnos analizar estas iniciativas desde el nacimiento de la idea, pasando por su elaboración política, hasta su diagramación sobre el territorio, su impacto y su ejecución.

Responder a los interrogantes planteados ayudará a entender la real dimensión de los proyectos de infraestructura mencionados y el interés que despiertan en los diversos Estados involucrados, y nos dará los elementos necesarios para verificar si "Los proyectos de infraestructura física de la cartera IIRSA deberían ser rediseñados para profundizar la integración comercial entre los Estados de la región".

Las variables centrales de este trabajo se proyectan principalmente en los conceptos, teorías y datos relativos a la integración y el comercio internacional, teniendo como marco de referencia los conceptos y la evolución que el territorio como elemento del Estado y la región como espacio territorial ampliado presentan en el área sudamericana.

Con referencia a la integración propiciada por la infraestructura desarrollada en la zona de la HPP, se analizará el intercambio comercial que tenga como eje dicho proyecto entre los países partes, como asimismo el intercambio comercial entre la región de la HPP y los terceros estados en el período comprendido entre los años 2000 y 2010.

Para responder a cada una de estas premisas se consideraron las estadísticas que proporcionan tanto Argentina (principalmente el Índice Nacional de Estadísticas y Censo, INDEC) como Uruguay (Índice Nacional de Estadísticas, INE) y el COMTRADE de las Naciones Unidas, así como las entrevistas que pudieron efectuarse a los actores de ambos países, entre otras fuentes.

El objetivo general de este trabajo radica en indagar acerca de los diversos proyectos de infraestructura existentes, en especial los proyectos IIRSA, y su impacto en la región desde el punto de vista económico y de la integración comercial.

Para ello se evaluaron las distintas perspectivas y opiniones que se encuentran acerca de estos proyectos de infraestructura. No solamente desde la perspectiva de los Estados, sino también las opiniones de académicos y expertos en el tema, así como también de diversos organismos internacionales como el Banco Mundial (BM) y el BID, los cuales concuerdan en la necesidad de proveer y de adecuar la infraestructura existente en la región a los efectos de propiciar el desarrollo de las economías.

En este punto cabe destacar que uno de los aspectos más problemáticos que suelen plantearse con referencia a los proyectos IIRSA es el relacionado con el impacto ambiental que presenta cada uno de los ejes en particular. Esta problemática será mencionada brevemente como parte del análisis pero no será profundizada dado que la investigación tiene como eje el análisis de las variables referidas al comercio, la integración y la infraestructura. La problemática ambiental podría generar, en el futuro, un nuevo desarrollo a considerar en una investigación puntual sobre la temática.

Una vez efectuado el proceso que conlleva el desarrollo del objetivo antes señalado, el trabajo se centrará en el caso específico de estudio constituido por el programa de la HPP, de sumo interés para nuestro país y para la región.

Dicho programa llevado a cabo por países en vías de desarrollo (Argentina, Brasil, Paraguay, Bolivia y Uruguay), a través de la denominada "cooperación sur-sur", se presenta como un motor de la integración en la región en la cual se instrumenta. Por ello se investigarán las características del programa y de la región donde se proyecta, así como sus ventajas y sus desventajas. Con este fin, se identificaron las variables enunciadas (integración, comercio e infraestructura) que se conjugan en el programa de la HPP y se analizó cada una de ellas individualmente y en interacción.

Capítulo I.
Estado, comercio e infraestructura

En el presente capítulo se desarrolla el análisis y la evolución de los principales conceptos que son de utilidad para el abordaje de la investigación.

En este contexto, tanto el concepto de territorio como el de región son indispensables no sólo para comprender los cambios o impactos que pueden producirse cuando se propician determinadas medidas, sino también para brindarnos herramientas para la determinación espacial del análisis que se propicia.

Asimismo el concepto y el análisis de la infraestructura regional para la integración así como las teorías aplicables desde el comercio internacional y las relaciones internacionales brindan el marco adecuado para el abordaje siguiente.

A. El territorio como herramienta de análisis

El concepto de territorio ha sido analizado a lo largo del tiempo desde múltiples disciplinas.

Así, desde la perspectiva del Derecho Internacional, el territorio constituye un elemento esencial para la existencia del Estado, base sobre la cual éste despliega o proyecta su soberanía o jurisdicción.

"El territorio es el espacio físico –terrestre, marino y aéreo– sobre el que se proyecta la soberanía o jurisdicción de un Estado y en el que ostenta (...) el derecho exclusivo a ejercer sus funciones. El territorio es un elemento característico del estado" (Remiro Brottons, 1997: 44).

"El territorio es el espacio físico dentro del cual la organización estatal ejercita en plenitud la propia potestad del gobierno, excluyendo en él cualquier pretensión de ejercicio de análogos poderes por parte de otros Estados" (Diez de Velasco Vallejo, 2009: 276).

Sobre ese espacio se asienta la población, otro de los elementos esenciales del Estado. La población desarrolla sobre el territorio múltiples actividades y relaciones que impactan en su conformación. Estos dos elementos (población y territorio) se relacionan de forma directa. Piénsese por ejemplo en las migraciones internas que se producen en un Estado, en las relaciones comerciales que se articulan entre los territorios, en las conglomeraciones urbanas y su relación con las comunidades rurales, entre otros aspectos.

En ese espacio, encontramos asimismo las relaciones que se producen entre el Estado y los individuos o grupos de individuos, como también las organizaciones por ellos conformadas, como pueden ser las empresas, en sus diversos niveles: locales, nacionales o multinacionales.

Por ello, conocer el territorio de un Estado constituye necesariamente un conocimiento de su construcción social y política así como de sus procesos de producción. En ese marco cabe resaltar que una de las características propias de este espacio es la movilidad que presenta, ya que responde a los cambios sociales, económicos, culturales y políticos, lo que en definitiva termina definiendo su organización territorial.

El concepto de territorio es un concepto que determina y explica el desenvolvimiento espacial de las relaciones sociales, el ámbito tanto cultural como social, económico y político, y por ello su delimitación o conformación cambia conforme se producen los cambios sociales que se presentan en el tiempo.

Esta amplitud de los elementos que componen el concepto de territorio hace que este último sea estudiado desde diversas disciplinas y transforma su investigación en una investigación multidisciplinaria. La geografía, el planeamiento, la sociología, la antropología, la economía, la política, el derecho y las relaciones internacionales son algunas de las ciencias que han tomado al territorio como base para la conformación de conceptos y de teorías.

> Esta apropiación del concepto forma parte de los cambios teóricos y conceptuales que desde los enfoques disciplinarios, interdisciplinarios o transdisciplinarios, ocurren en las ciencias sociales, los cuales buscan explicar la complejidad de los procesos sociales que ocurren en la actualidad en un contexto de mundialización de la economía, la cultura y la política, *procesos que han colocado a la dimensión espacial de los acontecimientos sociales en la misma tesitura que la vertiente temporal...* (Llanos Hernández, 2010: 207)

Es por estas razones que el concepto de territorio es un concepto móvil, flexible, que refleja las diversas transformaciones que se van produciendo en el tejido social; si el concepto se mantuviera inmóvil, perdería vigencia y llevaría a un estudio superficial de los acontecimientos. Asimismo se lo considera un concepto que no es neutro ya que su diagramación y su organización reflejan una determinada expresión de poder y de las relaciones de cooperación o conflicto que de él surgen (Montañez Gómez y Delgado Mahecha, 1998).

Así las modificaciones que presenta el concepto de territorio responden, según las épocas, a múltiples motivaciones (conflictos bélicos, económicos, políticos, sociales, etc.), máxime si se tiene en consideración que el territorio se constituye en el escenario en el cual transcurren las más diversas relaciones sociales.

Sin perjuicio de lo expuesto, puede decirse que si bien situaciones como las mencionadas subsisten y subsistirán en el futuro, las modificaciones al territorio de los Estados devienen mayoritariamente por la diagramación y la implementación de determinadas políticas que impactan en su configuración. Puede decirse que las grandes modificaciones que se producen sobre el territorio devienen hoy sin la modificación de las fronteras.

Por este motivo podemos apreciar que las políticas que tienden a una modificación o a una restructuración del territorio deberían ser estudiadas y analizadas a la luz de las concepciones de poder que las políticas públicas de carácter nacional o regional intentan implementar y de las consecuencias de su implementación.

A modo de ejemplo, podemos mencionar que la región sudamericana reconoce en su conjunto diversos tipos de ocupación y de desarrollo, los cuales han determinado su configuración actual. Desde la época de la colonia,[4] la configuración territorial ha sido fuertemente dependiente del comercio internacional tanto en lo referente a los recursos naturales como a su organización política y social, y esto se vio principalmente incentivado durante el siglo XIX y hasta mediados del siglo XX, período en el cual se establece un sistema extensivo de explotación agropecuaria y se construye una extensa red de transporte ferroviario.

Desde el punto de vista económico y teniendo en consideración la experiencia de los países centrales y periféricos,

---

[4]   Distinta ha sido la diagramación territorial que presentaron los pueblos originarios del Cono Sur; por ejemplo entre los siglos XII y XV, el imperio inca se expandió principalmente por la zona montañosa del continente con centro en el Perú y en el norte argentino; asimismo se vio integrada la región del Chaco y de Santiago del Estero con la cultura guaraní del Paraguay (1816-2016, Argentina del Bicentenario. Plan Estratégico Territorial, Ministerio de Planificación Federal, Inversión Pública y Servicios de la República Argentina, 2008, p. 31)

es posible afirmar *que el territorio se torna una variable crucial para explicar las diferencias entre las dinámicas económicas relativas de los diferentes espacios.* Sin embargo, incluir al territorio en la problemática del desarrollo apunta a considerar la dinámica de los sistemas territoriales de producción... El territorio es el resultado de un proceso de construcción social originado en las estrategias de los actores y en los fenómenos de aprendizaje colectivo, por lo que no está dado a priori. Cada territorio posee una estructura que está vinculada a un sistema territorial de producción, o sea, a una configuración de agentes y elementos económicos socioculturales, políticos e institucionales que poseen modos de organización y de regulación específicos. (...) Así el territorio deja de ser un elemento pasivo o de soporte, para pasar a constituirse como un sistema de organizaciones activas capaces de propiciar un proceso de cambio." (Laurelli, 2000).

En este contexto, el territorio resulta esencial como elemento de análisis para explicar la diagramación de los diferentes proyectos de infraestructura que se propician implementar y los resultados que éstos tienen sobre el comercio internacional y la integración regional, en virtud de que los diversos proyectos regionales de infraestructura que se han diagramado sobre el territorio de los Estados tienen entre sus objetivos centrales la disminución de los costes del transporte y la reducción de la distancia entre los diversos factores.

En este sentido y a los efectos de poder analizar la real dimensión de la integración comercial, en el caso de la presente investigación, de los Estados parte de un proyecto particular como la Hidrovía Paraná-Paraguay, es necesario indagar en el desarrollo de una nueva corriente teórica basada en el estudio de la geografía económica, propiciada principalmente por Paul Krugman y Anthony Venables (1995).

Ella permite indagar acerca de los límites de la integración internacional o regional, ya que uno de sus ejes principales de análisis es los costos del comercio. En virtud de ello se analiza la localización de los productores en el territorio, quienes buscan la disminución de los costos mediante una cercanía física a la demanda y/o a los insumos que les son necesarios. Es en este contexto que la infraestructura física se torna relevante, si se la considera como una herramienta que propicia la reducción de los costos y de los tiempos del trasporte de las mercancías, así como la eliminación de los cuellos de botella que se suceden principalmente en las fronteras de los Estados (Davis, 2000).

B. La región: concepto, evolución y perspectivas

El presente trabajo requiere delimitar un determinado espacio más allá de las fronteras políticas de los Estados; se entiende que evaluar el concepto de región proporcionará las herramientas necesarias para su aplicación práctica.

El concepto de región estudiado principalmente por la geografía puede encontrarse a fines del siglo XVIII, momento en el que se lo relacionaba con la noción de espacio natural o físico.

Esta relación entre lo regional y lo natural se mantuvo hasta fines del siglo XIX, cuando el geógrafo Vidal de La Blanche[5] presenta el concepto de región introduciendo en el análisis del territorio la relación existente entre los individuos y el medio natural en donde se asientan y reconociendo en cada región características propias. Así se

---

[5]   Vidal de La Blanche (Pézenas, 1845-Tamaris, 1918), geógrafo francés y máximo exponente de la geografía regional francesa. Definió la geografía como una ciencia de síntesis que estudia la interacción entre el hombre y su medio. En 1891 fundó, con M. Dubois, los *Annales de géographie*. Entre sus obras se destacan: *Atlas general, histórico y geográfico* (1894) y con carácter póstumo *Principios de geografía humana* (1922).

percibe que dentro de un territorio pueden existir diversas regiones, las cuales responden a características comunes, brindadas principalmente por las relaciones sociales, económicas y políticas que en ellas se despliegan. En palabras de Llanos Hernández (2010: 209), "Los Estados nacionales constituyen no sólo un territorio, sino también un mosaico de regiones, donde las posibilidades de futuro para los seres humanos son distintas en cada región."

Ya en el siglo XX, el Estado nación comenzó a articular sus políticas de desarrollo en torno al concepto de región. Entonces el territorio se subdividía en varias regiones que respondían a similares características. En virtud de estas directrices se formularon diversas clasificaciones de regiones, como la llevada a cabo por el economista francés Jacques Boudeoville (1919-1975), basada en las teorías esbozadas por François Perroux (1903-1987), quien entendía que las regiones, como espacios económicos, podrían constituirse bajo las denominaciones de "regiones plan" de características prospectivas, "regiones polarizadas" de influencia industrial y comercial y "regiones homogéneas" de raigambre agrícola (Llanos Hernández, 2010: 210).

Por otra parte Lewis Munford[6] decía que la región "no se encuentra en la naturaleza como un producto acabado; no es tampoco solamente el resultado de la voluntad y fantasía urbana. La región, al igual que su artefacto, la ciudad, es una obra de arte colectiva." Sobre esta definición, Sergio Boisier (1994) expresó en un ensayo titulado "Universidad, desarrollo regional e inteligencia social" que

> en tanto obra de arte nunca será el resultado únicamente de la racionalidad formal, puesto que en su formación concurren formas subjetivas de actuación (...). En tanto obra colectiva, la expresión de la solidaridad de un grupo humano, solidaridad al interior del grupo para dar origen a

---

[6]   Sociólogo y urbanista estadounidense (1895-1990).

una comunidad y solidaridad del grupo con su propio territorio, para que el concepto de región no sea, precisamente,
una pura entelequia.

Asimismo el término "región" ha sido descripto según
diferentes lógicas de pensamiento: algunas lo identifican
con las relaciones entre agentes económicos, mientras
que una visión más crítica pone el acento en la formación
de espacios y de economías organizadas en redes, lo que
replantea la relación entre lo local y lo global.

Por otra parte, la mirada desde el Estado hacia la región
no significó en absoluto un desplazamiento del concepto
de territorio. Según Llano Hernández se podría decir que
los conceptos de región y de territorio se articulan con
paradigmas diferentes, pero a la vez complementarios:

> Al mismo tiempo que la región se articulaba al paradigma del
> desarrollo, el territorio se constituyó en algo más que la suma
> de los recursos naturales, adquirió una relevancia política
> y económica sobre la que descansa la acción de estado: a
> nivel internacional *el territorio ha sido fundamental en el
> trazo de las relaciones geopolíticas y el derecho internacional*
> (Llano Hernández, 2010: 210).

En un principio, como quedó expresado, la noción
de región quedaba supeditada a los límites políticos de
los Estados; se reconocían las regiones hacia dentro de
las fronteras políticas que demarcan el territorio de esos
Estados.

Esta concepción de región cambia luego de la Segunda
Guerra Mundial, momento en el cual se amplía su espacio
y se trasvasa los límites políticos que se imponían desde
los Estados para encontrar regiones similares dentro de
diferentes unidades soberanas, a las cuales podía consi-
derase como un único espacio regional. Estas unidades en
algunos casos presentaban características homogéneas en
cuanto a su estructura y en otros, desde una perspectiva

económico-comercial, podían estructurase mediante un sistema de complementariedad.

En palabras de Miles Kahler, "antes de la Segunda Guerra Mundial el término 'regionalismo' significó imperialismo o esferas informales dominadas por los grandes poderes" (1997: 27). Este concepto ideado a la luz de las potencias europeas sufre un amplio cuestionamiento luego de que la guerra finalizara, principalmente por EEUU que propiciaba una globalización de la economía mundial en contraposición a una organización regional. Sin perjuicio de ello y ante la creación de la CECA, bajo un modelo diferente a los imperiales, EEUU redujo su oposición y supo ver en este nuevo tipo de organización regional la oportunidad para su estrategia de la "Guerra Fría". Estos nuevos modelos, que proliferaron durante la década de 1960 y de 1970, se basaban principalmente en un modelo de compensación de las economías nacionales y en la sustitución de importaciones. Bajo esta concepción, los Estados se dividían entre Estados industrializados y Estados en desarrollo.

Con posterioridad y ya en la década de 1980, se impone la apertura de los mercados, lo cual se contrapone con las políticas proteccionistas de las regiones, y las instituciones de integración parecen condenadas al fracaso o la desaparición. Así el nuevo regionalismo rompe el esquema norte-sur y la agenda se amplía complementando los temas de carácter comercial con otros, como por ejemplo los asuntos ambientales y laborales.

Asimismo el concepto de regionalismo de los años noventa difiere del anterior en virtud de que es impulsado por intereses económicos y por el sector privado más que por Gobiernos que impulsan una determinada política exterior.

Tal es así que en América Latina se habla de "primer regionalismo" y de "segundo regionalismo": mientras que el primero destaca las cualidades de los regionalismos de los años setenta y de los primeros años de los ochenta, es decir, un regionalismo hacia adentro, el segundo regionalismo, dado principalmente en la década de 1990, es un proceso exógeno que propicia la integración de la región en el mundo.[7]

Estas variaciones del concepto de región, principalmente aquellas dadas durante la década de 1990 y principios del nuevo milenio, pueden ser aplicadas a los planes de infraestructura para la integración regional que se idearon en ese momento histórico. Por ejemplo, en el caso específico de la Iniciativa para la Integración de la Región Sudamericana (IIRSA), en la que se diagramaron sendos corredores interoceánicos (Atlántico-Pacífico), que responden a esa concepción de región o de segundo regionalismo por la cual se propicia la inserción comercial sudamericana en el resto del mundo.

La región sudamericana es una de las pocas del planeta que combina los cuatro recursos naturales estratégicos: hidrocarburos, minerales, biodiversidad y agua. Véase que esta profunda modificación de la geografía (quizá el proyecto más ambicioso sea unir los ríos Orinoco, Amazonas y Paraná) no persigue la integración del continente sino su vinculación con los mercados globales. Puede decirse que se trata de una integración "hacia afuera", exógena, en vez de propiciar una integración "hacia adentro" (Raúl Zibech, 2006).

En artículos referidos a IIRSA, se enuncia que la diagramación existente del proyecto conlleva una implantación de facto de lo que en su momento se propuso como Asociación de Libre Comercio de las Américas (ALCA), impulsada por Estados Unidos bajo la lógica del Consenso de Washington. IIRSA, como tal,

busca trazar nuevas rutas, adecuadas a la geografía económica del siglo XXI: las nuevas venas abiertas hacia el impe-

---

[7]   Ver Bouzas, 1997.

rio que responden a nuevas necesidades y a una diferente selección de las materias primas y los llamados recursos estratégicos. Caminos que conecten los grandes centros de producción y consumo del mundo, que abaraten y aceleren los traslados y que al mismo tiempo refuercen la vigilancia y el control sobre los mismos es el objetivo (Ceceña y otros, 2007).

Si bien el proceso de integración por infraestructura fue impulsado y diagramado en la década de 1990, es hoy mantenido y fomentado por la mayoría de los Gobiernos actuales de la región, quienes han desarrollado y concretado varios proyectos dentro de los ejes propuestos, lo que abona la teoría de que los Estados no están dispuestos a abandonar la iniciativa[8] y de que la concepción del regionalismo del nuevo milenio incluye una región sudamericana integrada mediante la infraestructura al resto del mundo. Queda pues por dilucidar si este proyecto se ha mantenido igual o si ha sufrido algunos cambios. Si es así, hacia dónde se dirigen y si nos encontramos ante una nueva concepción de regionalismo que podríamos llamar "tercer regionalismo" o "regionalismo del nuevo milenio".

C. La infraestructura para la integración regional

La integración física se puede definir como el proceso de interconexión estratégica de las redes de transporte, de telecomunicaciones y de energía en corredores internacionales (infraestructura), que permiten, con un marco normativo común y servicios adecuados, la circulación

---

[8]   "El deseo que tenemos en Bolivia es que no solamente nos quedemos con un corredor bioceánico, sino tener dos o tres corredores." Palabras pronunciadas por Evo Morales en 2007. Bolivia habrá invertido al concluir la Agenda de Implementación Consensuada 2005-2010 de IIRSA un total de 694 millones de dólares.

ágil y eficiente de bienes, de personas, de información y de energía dentro de un determinado espacio de integración. (Safarov, 2000).

Ello implica la definición de políticas y de estrategias comunes en los sectores del transporte, las telecomunicaciones y la energía para el mejor aprovechamiento de los recursos disponibles en el espacio de integración, que deben tener en cuenta las exigencias del desarrollo económico y social de los países asociados y atender la preservación del medio ambiente y la conservación de los recursos naturales (Safarov, 2000).

En este contexto, la CEPAL (2005) considera que la integración física puede ser un importante instrumento que facilite la integración y promueva la competitividad regional, que amplíe los mercados y que cree economías de escala. Asimismo concluye que "disminuye los costos de producción" e incrementa la productividad, lo que crea nuevas oportunidades de negocios y de inversión, y profundiza las sinergias entre los diferentes actores económicos, con lo cual se mejora la capacidad de negociación de la región en el contexto internacional (Berrizbeitía, 2005).

Ante este desafío, es menester señalar que la región sudamericana presenta un déficit de infraestructura muy elevado, el cual se ha hecho más que evidente entre los años 2000 y 2010 en virtud del crecimiento que ha experimentado la región.[9]

---

[9]   Según una encuesta del Foro Económico Mundial (FEM) que elabora un *ranking* de calidad en 140 países –con la asignación de puntajes del 1 al 6–, el desempeño general de la infraestructura de la región es débil ya que solo supera en puntaje a África. Agrava esta situación de deficiencia el hecho de que la región ha venido experimentado un aumento intenso y sostenido en la demanda de transporte, impulsado por el crecimiento en los movimientos de cargas y de personas. En los últimos 20 años los volúmenes de comercio de los países de América Latina crecieron a tasas mayores que la actividad económica en su conjunto (Corporación Andina de Fomento, 2011).

Este deterioro de las redes de comunicación tuvo su inicio principalmente en los años ochenta con el advenimiento de la crisis de la deuda, y ello en virtud de que en esa década el ajuste fiscal propiciado por los Estados recayó, entre otros ítems, en los recursos destinados a la inversión en infraestructura.

Por otra parte, en la década de 1990, el nuevo escenario internacional, constituido principalmente por la aparición de China, India y Japón como potenciales mercados y polos de desarrollo, enmarcaba a las naciones sudamericanas situadas a las orillas del pacífico ante un nuevo desafío: el de constituirse en una región desde la cual se puedan entablar nuevas y mejores relaciones comerciales. Para ello era necesario repensar la infraestructura en pos de alcanzar ese objetivo. Similar situación presentaban los países con costas al Atlántico, ante el desarrollo y el crecimiento de la UE. Este panorama pensado en su conjunto hacía necesaria la constitución de una red de infraestructura que integrara la región y posibilitara su inserción en el mundo desde el punto de vista comercial.

Por otra parte, el avance norteamericano para la constitución de una zona de libre comercio que abarcara desde Canadá hasta Tierra del Fuego, más conocida como Asociación de Libre Comercio de las Américas (ALCA), provocó la rápida reacción de Brasil, que propició la creación de una zona sudamericana, conocida como la Asociación de Libre Comercio de Sudamérica, impulsada por la idea de crear una barrera comercial entre la potencia norteamericana y el resto de los países sudamericanos. Este posicionamiento de Brasil tuvo por fundamento

preservar y defender lo que percibía como su Wirtschaft-gebiet (espacio económico), conformado por el Mercosur, cuya vigorización implicaba la incorporación de los demás Estados de la subregión, dentro de la que el 80% de las exportaciones de Brasil consistían en manufacturas (...) El proyecto del ALCSA, lanzado en 1993 por Itamar Franco, apuntaba en esa dirección, con la perspectiva de desgravación tarifaria automática, con los moldes del Mercosur, asegurando el libre comercio intrarregional en un plazo de diez años (Bandeira Moniz, 2004: 501-542).

Cabe destacar que esta decisión política de Brasil se vio postergada hasta el año 2000, momento en el cual el entonces presidente Cardozo promueve una Cumbre en Brasilia, en la cual se reunieron los doce Presidentes de la región sudamericana y que fue mencionada en el inicio del presente capítulo.

Así para la consecución y la afirmación de un espacio sudamericano, resultaba necesario, entre otras variables, el rediseño de la infraestructura existente, que permitiría un mayor y mejor intercambio de bienes y de personas entre los países que lo conforman.

Por otra parte, históricamente la infraestructura existente en la región respondía a un modelo de comercio extrarregional de diagramación nacional, que dejaba de lado la posibilidad de un comercio con los países vecinos de la región. Esto respondía no sólo a la política comercial sino también a diversos conflictos que se plantearon en la región, especialmente entre Argentina y Brasil.

En 1997, según un informe del INTAL-BID, las conexiones terrestres, en la región austral sudamericana (Argentina, Bolivia, Brasil, Chile, Paraguay y Uruguay), son pocas y se caracterizan por estar en condiciones precarias. Así detalla que

las carreteras no siempre proporcionan conexiones directas y muchos tramos necesitan de mejoras o no tienen una conservación compatible con el tráfico de mercaderías y personas que se desarrolla durante todo el año, estando sujetas a diversas interrupciones. (...) Las conexiones ferroviarias son indirectas y se encuentran en mal estado de conservación o tienen su tráfico suspendido. Las diferencias de trocha entre los países imponen dificultades adicionales de trasbordo, las cuales restringen su utilización para el transporte comercial interregional (Sant'Anna, 1997).

Si bien los procesos de integración, como el MERCOSUR, han instrumentado políticas de reducción de aranceles para favorecer el intercambio de bienes y de servicios, la ausencia o escasez de una infraestructura adecuada plantea serios inconvenientes a la consecución de los fines mismos de la integración, lo que eleva los costos asociados al consumo de servicios y limita el acceso a los mercados de bienes e insumos.

Algunos de los problemas que se observan en la región y que se tendrán en consideración pueden enunciarse de la siguiente manera (CEPAL, 2010):

- Existe una marcada necesidad de coordinar la concepción, el diseño, la ejecución y el seguimiento así como la fiscalización y la evaluación de las políticas de infraestructura que se plantean en la región sudamericana.
- Es necesario reconocer la situación de escasez y deficiencia de la infraestructura existente.
- Existen fallas y obstáculos institucionales en la diagramación y en la implementación de las políticas relacionadas con la infraestructura.
- Asimismo se presenta una ausencia en la sostenibilidad de las políticas públicas relacionadas con la temática, en especial en el área de transporte.
- El financiamiento, las asociaciones públicas y privadas, así como el contralor son otro de los aspectos que deberían tenerse en cuenta para la adecuada implementación de los proyectos, juntamente con la instrumentación de políticas que impulsen la maduración y el funcionamiento de los mercados.

Poder dilucidar cada uno de estos ítems en el marco de un programa de infraestructura específico, como lo es la HPP, permitirá comprender los avances y los retrocesos, las causas y sus consecuencias, así como la orientación que en el marco del MERCOSUR se le brinda al comercio regional del bloque.

D. Aplicación de los conceptos

Como puede apreciarse, las definiciones de territorio y de región han sido variadas y cambiantes a lo largo del tiempo. Sin perjuicio de ello y a los fines de la presente investigación, nos inclinamos a la utilización del término "territorio" desde una perspectiva amplia, en cuanto que sus características están influenciadas por las sociedades que lo componen, pero físicamente delimitado por las fronteras políticas del Estado. Sujeto este último que propicia y determina las políticas sobre infraestructura que se implementan en el territorio y que genera mediante la firma de tratados y acuerdos la diagramación y el impulso de la infraestructura regional.

Como queda esbozado, dentro de este territorio puede existir un conjunto de regiones, tomadas como aquel espacio que tiene características similares, homogéneas, o que posee determinados factores de complementariedad.

Así, el Estado, mediante el ejercicio de su poder soberano, conforma el territorio, pero no puede delimitar una región ya que ésta no siempre respeta los límites políticos establecidos y se encuentra incluida en uno o varios espacios territoriales.

Así, la región, como concepto y como sujeto de estudio, ha sido definida por los pensadores de la geografía económica como un espacio reticular donde se da la economía en redes, donde lo local se une con lo nacional y éste a su vez con el espacio regional. La puesta en funcionamiento de estas redes implica necesariamente un escenario de cooperación entre los Estados locales y nacionales (Nicolas Hiernaux, 1995: 33-40).

Los proyectos y las obras de infraestructura que se analizan en el presente libro-tesis tienen como base el subcontinente sudamericano en el caso de IIRSA y como región la Cuenca del Plata en el caso específico de la HPP.

En el espacio sudamericano en general se ha vislumbrado, especialmente a partir de los años ochenta, una construcción geopolítica que ha sabido pasar de las hipótesis de conflicto permanente a una etapa nueva donde predominan las relaciones de cooperación.

Esta nueva etapa ha permitido construir lazos entre los países que han impactado directamente en el espacio sudamericano. Según Adolfo Koutoudjian (2001: 194), se puede mencionar entre ellos el crecimiento de las grandes urbes, la expansión de la frontera agropecuaria, cambios en la estructura energética, el incremento del comercio intrarregional y la incidencia de los proyectos de corredores bioceánicos, esenciales estos para el desarrollo de los ejes geoeconómicos.

Asimismo comienza a vislumbrase una nueva articulación entre lo regional y lo global, que se impone como tendencia general ordenada a través de los avances tecnológicos y da origen a nuevos contenidos materiales, sociales y políticos en los territorios periféricos. Se asiste a la construcción de un nuevo paradigma espacial que, lejos de homogeneizar, parece acentuar ciertas diferencias entre las regiones (Raposo, 2004).

En la región sudamericana, especialmente desde el MERCOSUR, se ha tratado de gestar un modelo que, si bien busca su inserción internacional, trata de alcanzarla a través de la lógica regional. Uno de los medios por los cuales se logra esta nueva visión de la región es mediante la infraestructura física.

Ahora bien, cabe preguntarse si esta nueva diagramación o estructuración del territorio ayuda a promover una mejora de las capacidades competitivas y con ello a transformar los sistemas productivos locales. Sin lugar a dudas estos dos aspectos deben integrarse en la diagramación de nuevas territorialidades atendiendo a las capacidades de las regiones y a las necesidades locales.

Según un informe elaborado por la Subsecretaría de Planificación Territorial de la Inversión Pública del Ministerio de Planificación Federal, Inversión Pública y Servicios de Argentina en 2008, "uno de los grandes desafíos de los Gobiernos implicados en el proceso de integración sudamericana es el de articular con éxito aquellas estrategias conjuntas que tiendan a reducir al mínimo los condicionantes del comercio que sustenta las actividades productivas de la escalada regional: las barreras internas y los cuellos de botella en la infraestructura y en los sistemas de regulación u operación."

Por ello es necesario conocer cuál es el grado de incidencia de la infraestructura física en el intercambio comercial en la región, especialmente entre los Estados parte de la HPP, que conforman una región particular como lo es la de la Cuenca del Plata.

E. Teorías aplicables de las relaciones internacionales

El presente trabajo posee un nivel de análisis parcial,[10] en los términos elaborados por Singer, según el cual las

---

[10]   Los niveles de análisis según Singer denotan la existencia de múltiples planos para comprender la sociedad internacional. Así encontramos

teorías se aplican a regiones determinadas o a fenómenos concretos (Singer, 1961), y de carácter empírico ya
que está orientado hacia el estudio de un caso específico, desde lo temporal y espacial, dentro de las relaciones
internacionales.

Asimismo se tendrán en consideración los nuevos
avances producidos en los estudios del comercio internacional, especialmente los relacionados con la "nueva
geografía económica", cuyos principales autores son Paul
Krugman y Anthony Venables. Esta nueva forma de interpretar el comercio radica principalmente en los estudios
empíricos[11] y se concentran principalmente en el análisis
de la dotación de factores en el intercambio internacional,
en el estudio de los patrones de la producción (centrándose
en el análisis tanto de la producción como de la absorción)
y por último en el estudio del comercio internacional en el
marco de los procesos de integración, donde se reconoce
la subestimación que los costos del comercio han tenido
en las limitaciones de los mencionados procesos. Dentro
de estos costos se incluyen tanto los relacionados con los
aranceles como los vinculados con el transporte (Davis,
2000).

Finalmente cabe señalar que, desde la perspectiva de
las relaciones internacionales, el presente trabajo tiene
como sustento teórico la posición sostenida por el trans-
nacionalismo de Keohane y Nye, que cuestiona el estudio
de las relaciones internacionales desde la perspectiva del

---

teorías que se centran en un nivel de análisis global o macronivel y
teorías que se direccionan a un nivel de análisis parcial o micronivel.
Las primeras ofrecen una explicación de la sociedad internacional en
su conjunto, en tanto que las segundas se abocan principalmente al
análisis de una región, de un fenómeno concreto o de un determinado
actor (Barbé, 2007: 51).

[11]   Los pioneros en el estudio empírico del comercio han sido principalmente autores como Wassily Leontief, Robert Baldwin, Robert Stern,
Keith Maskus y Ed Leamer.

Estado, y le agrega otros actores de singular importancia, como organizaciones internacionales, empresas multinacionales, individuos, etc.

Asimismo introduce una nueva agenda en el estudio de los temas, entre las cuales encontramos las relaciones comerciales y financieras. La noción de interdependencia compleja de los autores citados comporta la existencia de un juego cooperativo entre actores internacionales, los cuales ante la presencia de un conflicto o controversia no necesariamente acuden a los mecanismos políticos-militares, ya que se considera que dichos instrumentos resultan inútiles en un mundo de interdependencia compleja (Barbe, 2007: 67).

En el caso de la integración comercial en el eje la HPP, se tomarán en cuenta estos conceptos, como ser la relación existente entre la región de influencia y el resto del mundo, los actores intervinientes, la cooperación resultante entre los Estados parte y la dinámica del comercio intrarregional.

En relación con los estudios científicos y académicos que se han desarrollado en torno a la temática en análisis, podemos mencionar aquellos que se han elaborado tomando en consideración proyectos de infraestructura particulares, como el Plan Puebla Panamá (PPP) desde la perspectiva de la geopolítica (Tesis Doctoral del Dr. José Luis Cadena Montenegro "El Plan Puebla Panamá: ¿La recolonización de América Latina?", 2005)[12] o el análisis que efectúa José Alex Sant'Anna (1997) acerca de la infraestructura regional como base para el desarrollo de una plataforma que dé impulso a la promoción de las inversiones intra- y extrarregionales hacia la subregión

---

[12]   Tesis calificada con mención honorífica de la Facultad de Filosofía y Letras de la Universidad Nacional Autónoma de México (UNAM). Resumen en Revista de Relaciones Internacionales, Estrategia y Seguridad, ISSN 1909-3063, Vol. 1, N.º 2, 2006, pp. 121-156.

sudamericana. En un sentido similar y bajo la premisa de un crecimiento sostenido de las economías regionales, la Dra. María de Monserrat Llairó (2002) analiza el Proyecto de la HPP teniendo en consideración la ampliación de las fronteras productivas, la reducción del costo de los transportes y la inserción comercial a nivel internacional. Asimismo evalúa la vital importancia que los medios de transporte y de comunicación poseen para los procesos de integración regional, dado el incremento del comercio intrazonal.

Sin perjuicio de lo expuesto cabe tener presente que existen escasos trabajos cuyo análisis se efectúe sobre una región determinada y analice las variables del proceso de integración desde una perspectiva comercial, teniendo en consideración el destino final de ese proceso.

Ese análisis será desarrollado en los capítulos siguientes, teniendo en consideración las diversas variables que se han expuesto.

Capítulo II.
Características y delimitación de los territorios de la región sudamericana

A. Delimitación territorial y regional sudamericana

En el marco de lo que se expresara en el capítulo I, el territorio, tomado como la base sobre la cual se proyecta el presente trabajo, quedará delimitado por las fronteras políticas de los Estados, sin dejar de desconocer la influencia que en él poseen principalmente los procesos de producción y la sociedad en su conjunto.

Por su parte, al concepto de región se lo analizará bajo la concepción de un espacio reticular donde se presenta la economía en redes y mediante el cual existe una conexión entre las áreas locales y el territorio nacional, y a su vez entre éste y el espacio regional (Nicolas Hiernaux, 1995). Para ello consideraremos al subcontinente sudamericano como una sola región, a los efectos del análisis de los proyectos de infraestructura que en ella se han diagramado.

B. Nacimiento geopolítico de una nueva región: la región sudamericana; características generales de los territorios que la componen

El espacio regional sudamericano comprende a 12 territorios, constituidos por los Estados de Argentina, Bolivia,

Brasil, Chile, Colombia, Ecuador, Guyana, Paraguay, Perú, Surinam, Uruguay y Venezuela.

El conjunto de estos territorios da lugar a lo que en el presente trabajo denominaremos "región sudamericana", con la idea de constituir un único bloque que se presenta como plataforma para la integración regional e internacional, a través de diversas redes de transporte y de comunicaciones. Cabrá entonces dilucidar la conformación de estas redes y las consecuencias que pueden generar en un futuro.

Esta percepción de la región sudamericana tiene su punto de inflexión principalmente en el año 2000, cuando se convoca a la primera reunión de la totalidad de los Presidentes de la región, impulsada y articulada desde Brasil, y que genera, entre otras cuestiones, la implementación de la iniciativa IIRSA, la cual desarrollaremos con mayor detalle en el capítulo III.

A partir de este momento, comienza a dejarse de lado la concepción latinoamericana que se había sostenido hasta el momento, para pasar a una concepción sudamericana, basada principalmente en el rol de Brasil como articulador de la región, en la exclusión de México (su competidor más cercano) y en el afianzamiento de su posición como líder regional.

En ese contexto, Fernando Henrique Cardoso remarcó en vísperas de la reunión de Brasilia que "La vocación de América del Sur es la de ser un espacio económico integrado, un mercado ampliado por la reducción o eliminación de trabas y obstáculos al comercio, y por la mejoría de las conexiones físicas en trasportes y comunicaciones" (Bandeira Moniz, 2004: 505).

Así se presentaba un nuevo mapa de América, desde el aspecto económico y político; uno liderado por Estados Unidos, que incluye los territorios desde Alaska hasta Panamá y otro, la "región sudamericana", que incluye desde Colombia hasta Tierra del Fuego (Argentina), cuyo impulsor ha sido Brasil.

Se hablaba así de un MERCOSUR ampliado mediante la firma de un Acuerdo de Libre Comercio con la CAN y la inclusión de Guyana y de Surinam. Esto último se perfiló en la Cumbre de Brasilia mencionada, en la cual participaron estos Estados, que otrora se encontraban desplazados del mapa político-económico de la región.

Otro de los puntos centrales de estos acuerdos radicaba en que la región sudamericana se conformaba como una zona de paz, que daba prioridad a la cooperación regional y que dejaba de lado la confrontación y la desconfianza que años atrás dominaron la escena regional. Este proceso de consolidación de la paz tiene sus raíces en la década de 1980 y se hace evidente en los acuerdos alcanzados entre Brasil y Argentina, previos a la conformación del MERCOSUR.[13]

Así reza el Comunicado de Brasilia del año 2000 en su punto 4:

> La paz y el ambiente de amistad y cooperación entre los doce países suramericanos son características que distinguen favorablemente a la región en el ámbito internacional. La superación definitiva de diferendos territoriales, según ejemplo del acuerdo de 1998 entre Ecuador y Perú, constituye una demostración reciente del espíritu que prevalece en América del Sur, que ha hecho y hará de esta parte del mundo un área de paz y cooperación, sin conflictos territoriales. Los Presidentes de América del Sur reafirman en esta ocasión su adhesión al principio de la solución pacífica y negociada de controversias, en oposición al uso de la fuerza –o a la amenaza de su uso– contra cualquier Estado, en observancia a las normas pertinentes del Derecho Internacional.[14]

---

[13]   Si bien las relaciones entre Argentina y Brasil, desde la época colonial, han tenido momentos de cooperación y de distanciamiento, podemos mencionar que a partir de la década iniciada en 1960 las divergencias se profundizaron con motivo del avance industrial brasilero en comparación con la Argentina, que se volvió dependiente de las importaciones de Brasil y que resignó su papel regional a productor de materias primas, principalmente agropecuarias (Rapoport, 2006: 378).

[14]   Ver documento en el anexo.

El propósito de constituir a la región en una zona de paz sólo puede alcanzarse mediante el respeto irrestricto a los principios de solución pacífica de las controversias, la no intervención y la soberanía de los Estados, base esencial para la integración regional.

Cabe tener presente que el hecho de otorgarle a la región y a los territorios que la conforman el calificativo de "zona de paz" no significa de ningún modo la ausencia total de conflictos entre ellos, sino que los hechos que acontezcan sean resueltos en forma pacífica y en algunos casos auspiciados por el consenso de los Gobiernos que la componen. La paz deja de ser una cuestión meramente bilateral para construirse bajo una lógica regional y multilateral.[15]

Según esta nueva visión geopolítica, el mapa regional se circunscribe exclusivamente a Sudamérica y los doce Estados que la conforman. Resulta imperioso pues indagar acerca de las características que presentan esta región y sus territorios para conocer su conformación.

Podemos adelantar de un modo muy genérico que la región bajo análisis posee diversas características, entre las que se destacan: el hecho de que constituye una de las mayores reservas mundiales de recursos naturales,[16] la disimilitud entre

---

15 Podemos mencionar entre los conflictos que se han suscitado con posterioridad al año 2000, la controversia entre Argentina y Uruguay sobre la instalación de las pasteras en el borde oriental de río Uruguay (2003); el conflicto entre Colombia y Ecuador, por la incursión militar en territorio ecuatoriano (2008), la controversia entre Colombia y Venezuela (2008), la tensión suscitada entre Argentina, Bolivia y Chile por el tema del gas (2004) y finalmente la controversia suscitada entre Perú y Chile por la mensuración de sus límites marítimos (2004).

16 Se puede mencionar por ejemplo el Pantanal del Brasil, el cual constituye uno de los humedales de mayor extensión y de una amplia biodiversidad. Asimismo la región amazónica compuesta por Ecuador, Venezuela y Colombia posee una importante reserva de petróleo. La región sudamericana presenta una amplia gama de recursos naturales que hacen de ella un reservorio hídrico, energético, de minerales y de alimentos a nivel mundial. Asimismo presenta una amplia superficie

sus territorios en cuanto a su extensión y a su conformación física, la concentración demográfica dispar, la distribución asimétrica del Producto Bruto Interno (PBI) dentro de la región, los dispares niveles de crecimiento y un déficit en las infraestructuras relativas a las comunicaciones entre los países.

Para poder presentar algunos de los datos que consideramos más relevantes se ha tomado en cuenta el Anuario Estadístico elaborado por la CEPAL para el año 2011, el cual abarca el período bajo análisis (2000-2010) para las áreas de extensión territorial y población; la información brindada por la página oficial del Fondo Monetario Internacional (FMI) para las áreas relativas al PBI; la página del COMTRADE de Naciones Unidas y de la CEPAL para los datos relativos al comercio intrarregional y al comercio de la región con el resto del mundo. Asimismo se han efectuado consultas a diversos trabajos efectuados en el marco del Banco Mundial (BM) y de la CAN.

C. Características principales de los territorios que componen la región sudamericana

C.1. Extensión territorial y población

La extensión territorial de la región sudamericana es de aproximadamente 18,4 millones de km2, en los que conviven diferentes espacios geográficos (desiertos, selvas, estepas, llanuras, etc,), diversas expresiones culturales, niveles altos de desigualdad social y disparidades en los índices de desarrollo. De los países de la región, Brasil posee el 47% del área total y tiene la característica de que sus fronteras limitan

---

de bosques, la cual actualmente se ve amenazada por el aumento de las actividades agropecuarias, que han desplazado sus límites debido al aumento de la demanda de alimentos a nivel mundial.

con casi todos los países de la región, a excepción de Chile y de Ecuador, seguido por Argentina con el 20% del territorio.

Según los datos reflejados en el citado Anuario de la CEPAL, la población total de los 12 países que conforman la región sudamericana asciende a 397 millones de habitantes, y Brasil es el territorio de mayor densidad poblacional con 197 millones de habitantes, cifra que representa cerca del 50% de la población total de la región. La otra cara de la moneda la presenta Surinam con apenas 529.000 habitantes, lo que remarca una distribución disímil en toda el área geográfica, donde coexisten grandes concentraciones con áreas despobladas en algunos espacios del territorio.

Cuadro N.º I
Población total de la región sudamericana
expresada en miles de personas y tasa de
crecimiento para el período 2010-2015

País	2010	2015	Tasa de crecimiento (Promedio anual en %) 2010-2015
Argentina	40.738	42.676	0,93
Bolivia	10.031	10.854	1,59
Brasil	195.498	202.954	0,75
Chile	17.133	17.914	0,90
Colombia	46.299	49.385	1,30
Ecuador	13.773	14.550	1,10
Guyana	754	763	0,24
Paraguay	6460	7007	1,64
Perú	29.495	31.197	1,13
Surinam	525	548	0,86
Uruguay	3372	3430	0,34
Venezuela	29.043	31.291	1,59
Total regional	393.121	412.569	0,97

Fuente: Anuario estadístico de América Latina y el Caribe de 2011, CEPAL.
Tasa anual media por cada 100 habitantes.

La tasa anual de crecimiento poblacional proyectada para el período 2010-2015 es positiva para todos los países de la región, y tiene un promedio aproximado del 1,88% para el período señalado: Guyana es el de menor crecimiento (0,20%) y Paraguay el que presenta una tasa mayor (1,63%).

Por otra parte, corresponde analizar la distribución geográfica de dicha población. Allí encontramos, según el Anuario de la CEPAL, que el índice de población urbana en 2010 es elevado en la mayoría de los países: Argentina (94%), Venezuela (94%), Uruguay (92,8%), Chile (88%), Brasil (86,2%), Colombia (80,1%), Perú (73,9%) Surinam (71,5%), Ecuador (67%), Paraguay (64,1 %), Guyana (29,6%) y la proyección estimada para 2015 es de un crecimiento sostenido.[17]

Teniendo en consideración lo expuesto, existen en cada uno de los países áreas metropolitanas que presentan grandes concentraciones de habitantes, de las cuales se destacan la Ciudad Autónoma de Buenos Aires (Argentina) con 2.891.082 habitantes,[18] cuya región metropolitana o zona de influencia asciende a 15.594.428 habitantes, Sao Pablo (Brasil) con 11.244.369 habitantes,[19] la región de Santiago de Chile (Chile) con 5.875.013 habitantes,[20] Montevideo (Uruguay) con 1.269.552 habitantes[21] y Asunción (Paraguay) con 504.431 habitantes,[22] entre otras.[23]

---

[17]   Los porcentajes son tomados sobre la base de la población total.
[18]   Según índices del INDEC (Instituto Nacional de Estadísticas y Censo) del Censo 2010.
[19]   Según índices del IBGE (Instituto Brasilero de Geografía y Estadística) del Censo 2010.
[20]   Según índices del INE (Instituto Nacional de Estadísticas de Chile) del Censo 2002.
[21]   Según índices del INE (Instituto Nacional de Estadísticas de Uruguay) del Censo 2011.
[22]   Según índices de la DGEEC (Dirección General de Estadísticas, Encuestas y Censo) del Censo 2002.
[23]   La lista se completa con La Paz (Bolivia), Bogotá (Colombia), Guayaquil (Ecuador), Georgetown (Guyana), Lima (Perú), Paramaribo (Surinam) y Caracas (Venezuela).

Esta situación provoca la concentración de habitantes, principalmente en las áreas litorales, dejando al centro de la región con áreas principalmente rurales y con menor densidad poblacional. Según Koutoudjian (2001: 205) esta situación puede constituirse en uno de los factores que den inicio a un proceso de fragmentación en la región sudamericana, dada la debilidad de su estructura política. Estos datos serán tenidos en consideración al evaluar los proyectos de infraestructura en la presente tesis.

C.2. Indicadores económicos

C.2.1. Producto Bruto Interno (PBI)

Según los datos brindados por el FMI, en el año 2000 los países de la región sudamericana generaron un PBI de 1 333 571 millones de dólares, sufrieron un retroceso entre los años 2001-2004, y luego comenzó a producirse un crecimiento sostenido para arribar finalmente al año 2010 con un PBI de alrededor de 3.606.849 millones de dólares a precios corrientes.[24]

A los efectos de poder visualizar y analizar los cambios experimentados en la región, se elaboró el Cuadro N.º II en el cual se tomaron dos períodos: 1998-2000 y 2008-2010 y se detalla el PBI regional a precios corrientes en dólares y a paridad de poder adquisitivo para la región.

De ese cuadro surge que durante el período 1998-2000 la región presentó un decrecimiento que tuvo su fundamento, en parte, en la devaluación de la moneda brasileña en 1999 y en la crisis financiera y política argentina que se presentó con mayor fuerza en el año 2001. La región necesitó más de siete años para alcanzar los niveles de ingresos registrados en el año 1998. Así, en el segundo período analizado (2008-2010), se experimentó un crecimiento

---

[24]   Mide el valor de la producción de bienes finales obtenido en un período determinado, a los precios de este período.

sostenido del PBI, que superó ampliamente los niveles del período anterior para alcanzar en el año 2010 los 3.606.849 millones de dólares, lo que registra una variación del 128% en relación con el anterior período en análisis.

Cuadro N.º II-a

PBI sudamericano a precios corrientes en dólares							
Países	1998	2000	Promedio 1998-2000	2008	2010	Promedio 2008-2010	varia-ción %
Argentina	299.068	284.465	**291.767**	328.133	369.992	**349.063**	**19,60**
Bolivia	8.520	8.412	**8.466**	16.602	19.810	**18.206**	**115,04**
Brasil	844.127	644.281	**744.204**	1.650.392	2.142.926	**1.896.659**	**154,85**
Chile	82.609	78.708	**80.659**	179.403	216.091	**197.747**	**145,60**
Colombia	108.617	99.899	**104.258**	235.721	287.249	**261.485**	**150,80**
Ecuador	23.290	16.283	**19.787**	54.209	57.978	**56.094**	**183,48**
Guyana	1.134	1.123	**1.129**	1.916	2.258	**2.087**	**84,85**
Paraguay	7.913	7.087	**7.500**	16.981	18.958	**17.970**	**139,60**
Perú	56.764	53.337	**55.051**	126.185	153.829	**140.007**	**134,32**
Surinam	1.108	946	**1.108**	3.082	3.611	**3.347**	**202,07**
Uruguay	25.386	22.823	**24.105**	30.366	39.412	**34.889**	**44,73**
Venezuela	91.339	117.153	**104.246**	315.160	294.735	**304.948**	**192,52**
Total	1.549.875	1.333.571	**1.441.723**	2.958.150	3.606.849	**3.282.500**	**128,09**

Cuadro N.º II-b

PBI sudamericano paridad poder adquisitivo en dólares						
Países	1998	2000	Promedio 1998-2000	2008	2010	Promedio 2008-2010	variación %
Argentina	340.463	338.311	**339.387**	572.552	644.301	**608.427**	**79,27**
Bolivia	24.496	26.143	**25.320**	43.111	47.426	**45.269**	**78,78**
Brasil	1.138.678	1.234.416	**1.186.547**	1.995.785	2.186.553	**2.091.169**	**76,23**
Chile	139.399	149.900	**144.650**	257.499	276.963	**267.231**	**84,74**
Colombia	230.746	235.855	**233.301**	403.683	436.238	**419.961**	**80,00**
Ecuador	59.136	60.447	**59.792**	108.930	115.753	**112.342**	**87,88**
Guyana	3.136	3.303	**3.220**	4.929	5.433	**5.181**	**60,90**
Paraguay	17.963	17.732	**17.848**	29.485	33.340	**31.413**	**76,00**
Perú	118.648	127.786	**123.217**	246.545	276.542	**261.544**	**112,26**
Surinam	2.174	2.232	**2.203**	4.287	4.741	**4.514**	**104,90**
Uruguay	27.222	26.897	**27.060**	41.364	47.156	**44.260**	**63,56**
Venezuela	204.347	206.539	**205.443**	360.727	351.609	**356.168**	**73,36**
Total	1.167.730	2.429.561	**1.798.646**	4.068.897	4.426.055	**4.247.476**	**136,14**

Elaborado en base a los datos incluidos en International Monetary Fund, World Economic Outlook Database, April 2012
Las variaciones expresadas en el presente se efectúan sobre los valores de los promedios obtenidos entre los períodos 1998-2000 y 2008-2010.

Si bien la región, como se mencionara anteriormente, ha presentado altos niveles de ingresos en su conjunto, evidencia heterogeneidad entre los Estados que la componen.

En referencia al promedio estimado para el período 2008-2010, Brasil ha sido el país que más ha crecido en la región y concentra casi el 58% del PBI total, en contraposición con Guyana, que posee apenas el 0,06%. Después de Brasil vienen Argentina (10,63%) y Venezuela (9,29%), lo que resalta la importancia que Brasil tiene en la región en comparación con los demás países.

Teniendo en consideración lo expuesto, se puede apreciar tres grandes grupos: uno liderado y compuesto exclusivamente por Brasil, el segundo compuesto por Argentina, Venezuela, Colombia y Chile, y el tercero compuesto por el resto de los países.

Cuadro N.º III: Participación en el
PBI sudamericano por país

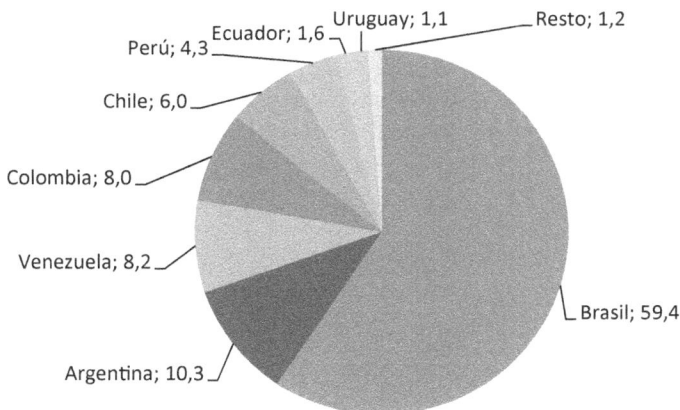

Fuente: cuadro elaborado en base a los datos precedentemente expuestos

Sin perjuicio de ello, si se compara los períodos 1998-2000 y 2008-2010, el país de menor crecimiento en el PBI regional es Argentina, con apenas el 19,60% en contraposición con Surinam que posee un 202,07%, seguido por Venezuela y por Ecuador.

En relación con el poder adquisitivo en dólares para los mismos períodos, se evidencia nuevamente el liderazgo de Brasil en los promedios descriptos, seguido por Argentina y por Colombia. De similar manera se presenta un panorama heterogéneo, de alta concentración de los ingresos en manos de pocos Estados. Asimismo es dable señalar que, sin perjuicio de lo expuesto, las mayores variaciones positivas entre períodos las experimentaron Perú (112,26%), Ecuador (87,88%) y Surinam (104,90%) –este último es el país de menor poder adquisitivo de la región–.

Por último, para poder tener un panorama con mayor detalle, podemos apreciar, con referencia al PIB per cápita, que entre 1998 y 2010 se han producido avances y retrocesos, aunque con una marcada tendencia alcista en los niveles de ingreso en toda la región.

Argentina, otrora líder regional, producto de la grave crisis de 2001, ha retrocedido para quedar en un cuarto lugar; Chile y Uruguay son los países con un mayor ingreso per cápita. Además hay que destacar el avance experimentado por Brasil que, al igual que Chile, creció más de un 100%.

Cuadro N.º IV: PBI per cápita precios corrientes en dólares

País	1998	2000	2008	2010
Argentina	8.306	7.733	8.255	9.131
Bolivia	1.059	998	1.655	1.900
Brasil	5.077	3.761	8.704	11.088
Chile	5.573	5.174	10.710	12.570
Colombia	2.770	2.479	5.303	6.311
Ecuador	1.878	1.274	3.775	3.920
Guyana	1.458	1.511	2.497	2.923
Paraguay	1.552	1.335	2.759	2.961
Perú	2.322	2.115	4.403	5.205
Suriname	2.439	2.027	5.975	6.840
Uruguay	7.754	6.914	9.107	11.741
Venezuela	3.928	4.845	11.235	10.099

International Monetary Fund, World Economic Outlook Database, April 2012

Sin perjuicio de ello, puede evidenciarse un gran avance en los niveles de ingreso en el ámbito regional, sin duda acompañado por el crecimiento económico experimentado en ese período, lo cual tiene como consecuencia la gran demanda de los productos producidos en la región, principalmente alimentos, el alza de los precios de los productos básicos, en especial los cereales y el petróleo, y la reevaluación cambiaria en términos reales.

C.2.2. Comercio exterior de la región.
Exportaciones e importaciones

Conforme surge del Cuadro N.º V, las exportaciones sudamericanas con destino al resto del mundo se han recuperado en forma sostenida luego de la caída acontecida en el año 2009 como producto de la crisis financiera internacional. Así en el año 2010, éstas alcanzaron un total de más de 500 mil millones de dólares, en contraposición con los 425 mil millones del año 2009.

Sin perjuicio de que la región vio aumentada sus exportaciones, el comportamiento de los países, tomados en forma individual, no fue homogéneo.

En ese contexto vemos que nuevamente Brasil, tanto en el período 1998-2000 como en el 2008-2010, encabeza la lista de los Estados con un mayor incremento en el volumen exportado, seguido por Venezuela y por Argentina, y luego por Chile. En este último caso se presenta una gran diferencia entre períodos ya que se ha acortado la brecha que separa a estos Estados, dado que Chile fue uno de los países que experimentó un mayor crecimiento de sus exportaciones al final de la década, aunque por debajo de Perú, de Bolivia y de Paraguay.

Los países que presentaron un menor crecimiento de sus exportaciones en términos comparativos a lo largo de este período han sido Guyana, Uruguay y Argentina.

Tomados por bloques de integración, tanto la CAN como el MERCOSUR han presentado un notable incremento de sus exportaciones, lo que representa un escenario propicio para los bloques mencionados y sus estrategias de inserción internacional.

Cuadro N.º V-a: Exportaciones de Sudamérica.
Períodos 1998-2000/2008-2010

Exportaciones en millones de dólares							
Países	1998	2000	Promedio 1998-2000	2008	2010	Promedio 1998-2000	varia-ción %
Argentina	26.434	26.341	**26.388**	70.018	68.133	**69.076**	**261.77**
Bolivia	1.325	1.475	**1.400**	5.751	6.952	**6.352**	**453.71**
Brasil	51.140	55.086	**53.113**	197.942	201.915	**199.929**	**376.42**
Chile	16.323	19.210	**17.767**	66.259	71.028	**68.644**	**386.35**
Colombia	10.890	13.121	**12.006**	37.626	39.819	**38.723**	**322.53**
Ecuador	4.203	4.927	**4.565**	18.818	17.415	**18.117**	**396.86**
Guyana	501	520	**510**	830	901	**865**	**169.60**
Paraguay	1.264	869	**1.067**	4.463	4.534	**4.499**	**421.64**
Peru	5.757	6.955	**6.356**	31.529	35.565	**33.547**	**527.80**
Suriname	480	506	**493**	1.743	2.025	**1884**	**382.15**
Uruguay	2.770	2.302	**2.536**	5.949	6.725	**6.337**	**249.88**
Venezuela	20.191	33.350	**26.771**	95.144	66.840	**80.992**	**302.53**
Total	140.777	163.636	152.206	533.499	518.426	525.962	345.55

Cuadro N.º V-b: Importaciones de Sudamérica.
Períodos 1998-2000/2008-2010

Importaciones en millones de dólares							
Países	1998	2000	Promedio 1998-2000	2008	2010	Promedio 1998-2000	varia-ción%
Argentina	31.377	25.280	**28.329**	57.462	56.503	**56.983**	**201.14**
Bolivia	2.462	2.022	**2.242**	4.246	5.393	**4.820**	**214.98**
Brasil	57.737	55.825	**56.781**	173.196	181.665	**177.431**	**312.48**
Chile	18.363	17.091	**17.727**	57.730	55.174	**56.452**	**318.45**
Colombia	14.634	11.538	**13.086**	39.669	40.683	**40.176**	**307.01**
Ecuador	5.576	3.721	**4.649**	18.852	20.591	**19.722**	**424.22**
Guyana	539	573	**556**	1.345	1.451	**1398**	**251.43**
Paraguay	3.858	2.050	**2.954**	8.506	9.400	**8.953**	**303.08**
Peru	4.859	8.816	**6.838**	29.889	29.915	**29.902**	**437.29**
Suriname	540	526	**533**	1.304	1.397	**1350**	**253.28**
Uruguay	3.810	3.466	**3.638**	9.069	8.533	**8.801**	**241.91**
Venezuela	16.148	18.959	**17.554**	45.326	31.081	**38.204**	**217.63**
Total	158.824	148.768	153.796	443.945	438.938	441.441	**287.03**

Fuente: COMTRADE de data base UN.
Las variaciones expresadas en el presente se efectúan sobre los
valores de los promedios obtenidos entre los períodos 1998-
2000 y 2008-2010.

Por otra parte, las importaciones de Sudamérica desde
el mundo, durante el período que se informa, han ido cre-
ciendo a un ritmo constante con la salvedad del período
2000-2001, producto de las crisis internas, y del 2009, en la
cual se registró el impacto en la región de la crisis financiera
internacional y la alta volatilidad de los mercados.

Al igual que con las exportaciones de la región, el flujo
de bienes importados difiere de país en país en relación
con los volúmenes y las características de los bienes.

Así, en el período 1998-2000 los países que reflejan
un mayor número de importaciones son Brasil con 56.781
millones de dólares, y luego Argentina, Chile y Venezuela.

Las cifras del período 2008-2010 muestran una situación similar, con la salvedad de que los valores importados por Colombia desplazaron a Venezuela a un quinto lugar.

Sin perjuicio de los promedios establecidos en el Cuadro N.º V, sobre el cual basamos el presente análisis, es dable destacar las variaciones entre períodos que refleja la región. En ese sentido se observa que Perú, Ecuador y Chile han experimentado un alza significativa de sus importaciones que los ubica entre los países con mayores incrementos a lo largo de la década. En el otro extremo, Argentina, seguida por Bolivia y por Venezuela, expresa una menor variación en los niveles de importaciones.

Al igual que en el apartado donde se han analizado las exportaciones sudamericanas para el año 2010, las importaciones de la región han tenido un gran avance dentro de los procesos de integración tanto de la CAN[25] como del MERCOSUR.

C.2.3. Balanza comercial

Como resultado del desempeño de los flujos comerciales relacionados con las importaciones y las exportaciones de la región sudamericana, se registró en el período bajo análisis un saldo positivo de aproximadamente 82 mil millones de dólares en la balanza comercial sudamericana.

La región en esta última década ha logrado revertir la tendencia negativa que se presentaba en el año 2000, con tendencia a sostener la mejora en el tiempo.

A continuación presentamos un breve cuadro que presenta los indicadores de la balanza comercial sudamericana por países en los años 2000 y 2010.

---

[25]   Las importaciones de la CAN crecieron a 86 mil millones de dólares en 2010 con una tasa de 14% respecto al año anterior 2009.

Cuadro N.° VI: Balanza comercial 2000-2010

Países	Balanza comercial 2000	Balanza comercial 2010
Argentina	1.061	11.630
Bolivia	-574	1.559
Brasil	-739	20.250
Chile	2.119	15.854
Colombia	1.583	-864
Ecuador	1.206	3.176
Guyana	-53	-550
Paraguay	-1.181	-4.866
Perú	-1.861	5.650
Suriname	-20	680
Uruguay	-1.164	-1.808
Venezuela	14.391	35.759
Total	14.868	79.889

Fuente: COMTRADE de UN

Según los resultados obtenidos, se podría dividir el escenario sudamericano en tres grandes grupos:

- Aquellos Estados que presentan en el año 2010 un mayor déficit en su balanza comercial respecto del año 2000: Colombia, Guyana, Paraguay y Uruguay. De este primer grupo, Paraguay es el de mayor déficit comercial.
- Aquellos Estados que han podido revertir el déficit que presentaban en el año 2000: Bolivia, Brasil, Perú y Surinam. De este grupo Brasil ha sido el Estado que ha logrado en el año 2010 un mayor superávit.
- Aquellos que presentan un alza en su superávit, como Argentina, Chile, Ecuador y Venezuela. Finalmente de este último grupo, Venezuela se mantiene liderando a nivel regional el superávit comercial.

La situación en este aspecto sin lugar a dudas ha mejorado en la última década en términos regionales, sin perjuicio de lo cual cabe poner el acento en los países que aún sostienen una balanza negativa y que en 2010 han incrementado su déficit, especialmente el caso de Colombia que es el único país que presentaba superávit en 2000 y en 2010 ostentó una balance negativo.

Como puede apreciarse, la situación de la balanza comercial sudamericana, tomada para cada uno de los Estados que la componen, tampoco es homogénea y continúa con las características que presentan los demás indicadores que hemos desarrollado en el presente capítulo.

Vale preguntarse ahora por el destino de esas exportaciones para analizar, entre otras variables, cuál es el grado de integración del comercio en la región sudamericana.

C.2.4. Comercio intrarregional

Teniendo en consideración análisis anteriores relativos al comercio en general de la región, en este apartado se indagará acerca de la magnitud del comercio entre los Estados que la componen para así poder visualizar el impacto de la integración regional de carácter comercial.

Para ello se consultaron diversas fuentes y en especial los datos brindados por la CEPAL. Según un informe de esta última (2011), los países de la región sudamericana en el año 1998 comerciaban un 28% del total de las exportaciones, mientras que en el año 2008 esa cifra bajó al 20,5% debido a la crisis internacional, para volver finalmente en el año 2009 a los niveles de 1998.

Como puede apreciarse, la región presenta niveles de integración comercial bajos y de carácter heterogéneo, ya que algunos países como Paraguay y Bolivia destinan cerca del 70% de sus exportaciones, mientras que Uruguay y Argentina un 30% y Venezuela, Guyana y Surinam casi no llegan al 10% (CEPAL, 2011: 40).

Cuadro N.º VII: Proporción del comercio intrarregional por exportaciones sobre el total (2010)

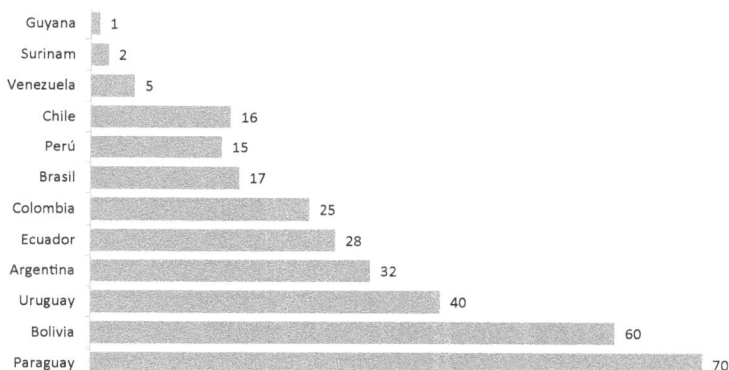

País	Valor
Guyana	1
Surinam	2
Venezuela	5
Chile	16
Perú	15
Brasil	17
Colombia	25
Ecuador	28
Argentina	32
Uruguay	40
Bolivia	60
Paraguay	70

Fuente: CEPAL (2011). Los coeficientes de Guyana y Surinam corresponden al año 2009.

Uno de los factores que señala el citado informe como causantes de la escasa vinculación lo constituye la deficiencia o ausencia de una infraestructura adecuada que imposibilita la expansión del comercio en el bloque, lo que impacta en los costos y en los tiempos del transporte. Asimismo expresa la necesidad de crear una zona de libre comercio entre los países de la región a los efectos de liberalizar ese comercio y propiciar una reducción progresiva en los aranceles intracomunitarios.

Podríamos asimismo agregar que los sistemas productivos de la región no son complementarios, ya que la mayoría de los países producen productos similares, generalmente de carácter primario, con escaso valor agregado.

Es así que la integración comercial largamente auspiciada no posee los niveles de intercambio que se hubiera esperado para el período en estudio.

D. Cambio en los modelos de integración. La integración por infraestructura física

Una de las consecuencias que experimentó la región con motivo del crecimiento sostenido a lo largo del período en estudio (2000-2010) ha sido un incremento de la demanda de la infraestructura física, tanto en lo que se refiere a su cantidad como a su calidad.

Se entiende por tal a la demanda para consolidar una interconexión estratégica de las redes de transporte, de telecomunicaciones y de energía en corredores internacionales (infraestructura), que permiten, bajo un marco normativo común y servicios adecuados, la circulación ágil y eficiente de bienes, de personas, de información y de energía dentro de un determinado espacio (Safarov, 2000).

Esta demanda se ve fortalecida en virtud de la apertura comercial y económica, en la que el movimiento comercial, la inversión y la libre circulación de las personas enfrentan obstáculos físicos e institucionales.

Asimismo, las dificultades de interconexión se presentan tanto dentro de la región como también en la relación de la región con el resto del mundo, y esto se debe a dos cuestiones: causas económicas y determinadas políticas estaduales.

Dentro de las razones de índole económica, encontramos que la región presentó, durante los años ochenta y principios de los años noventa, una desaceleración en los niveles de inversión relativos a las obras de infraestructura. Esto fue motivado principalmente por graves crisis económicas en las que los elevados niveles de deuda, los déficits fiscales estructurales y los ajustes contribuyeron a una disminución en la inversión por infraestructura. En este período predomina asimismo una ausencia de inversión del sector privado en este tipo de emprendimientos, ya que era el Estado quien propiciaba y financiaba las obras proyectadas.

Por otra parte, y en el marco de lo que se denominó causas políticas, podemos encontrar la diagramación y la elección de ciertas obras de infraestructura, efectuadas desde el Estado, las cuales tienen un predominio nacional y no regional, motivado por la ausencia de un proyecto de integración sustentable y por las diversas hipótesis de conflictos que se esgrimían entre los Estados vecinos, situación que se mantuvo constante hasta fines de los años ochenta.

Según un informe del Banco Interamericano de Desarrollo (2002), este déficit contribuyó a una menor productividad y a un mayor costo de los transportes y de los servicios logísticos, lo que disminuyó el crecimiento de la región. Asimismo, incrementó las asimetrías de las distintas regiones del subcontinente y las excluyó del crecimiento económico dado, entre otros factores, por la escasa o ausente conectividad con los polos de producción y de distribución. Como consecuencia de la falta de adecuación a los nuevos requerimientos se han profundizado las zonas de estrangulamiento, lo que incrementó los costos y limitó la fluidez en el comercio.

Otro problema que surge con referencia a la infraestructura de integración tiene que ver con los beneficios que ésta acarrea, los cuales no siempre se presentan como simétricos para los países, y por lo cual los Estados se interesan por los proyectos que les representan mayores beneficios y que pueden llegar a abordarlos en forma independiente y dejan de lado a otros que consideran de menor relevancia para su interés nacional, aunque presenten beneficios específicos para la región.

La variable referida al financiamiento también se presenta como un obstáculo para la concreción de proyectos regionales. Los proyectos, como los contemplados en IIRSA, se estructuran sobre la base de un financiamiento público,

público-privado o mediante el recurso a los organismos financieros internacionales como el BID, el FONPLATA o el CAF.

En base a esa estructura, los Estados donde se proyectan inversiones en infraestructura tenderán a financiar, con sus presupuestos nacionales o con deudas tomadas en los organismos internacionales mencionados, aquellos proyectos que respondan a un beneficio nacional, y dejarán de lado aquellos que reporten un beneficio menor, por lo cual la unicidad proyectada tiende a fragmentarse en un sinfín de proyectos nacionales que en el mejor de los casos se conectan entre sí.

Asimismo, la alta concentración poblacional en centros urbanos mayormente ubicados en los litorales marítimos, tal como se describiera en el presente capítulo, configura una centralización económica con fuerte impacto en el desarrollo de un sistema armónico de transporte y de infraestructura.

Por otra parte, se plantea una disputa entre los centros urbanos más importantes por la hegemonía regional; Sao Pablo y Buenos Aires son los ejes centrales de la región desde el punto de vista industrial, comercial y de servicios. En tanto Montevideo, Santiago de Chile, Rosario, Asunción, Curitiba y Mendoza buscan mejoras en los términos de inserción.

En este marco en el Cono Sur se plantea un desafío a construir. Desde el punto de vista de los procesos de integración resulta necesaria la conexión de los diversos territorios que lo conforman y además se plantea la necesidad de conectar la región con otros bloques económicos.

En búsqueda de una solución a esta problemática se incluyó, como eje de integración, a la infraestructura en la agenda regional y la puesta en marcha de diversos proyectos relacionados con la temática, principalmente a partir del año 2000, momento en el cual la región empezó a experimentar un crecimiento sostenido y que fuera desarrollado en los puntos que anteceden.

Dentro de los proyectos de infraestructura que existen en la región, el de mayor envergadura lo constituye IIRSA, el cual será desarrollado en el capítulo siguiente, donde se intentará responder a uno de los interrogantes del presente trabajo que plantea si existe en la región sudamericana una estrategia de integración por infraestructura regional o si la estrategia está encaminada a la integración de la región en el mundo. Podremos apreciar si la estrategia trazada en el plan IIRSA profundizará los actuales modelos de producción o si fomentará la creación de nuevos polos de desarrollo, base sobre la cual debería sustentarse la estrategia a largo plazo para la región sudamericana.

Capítulo III.
IIRSA: un modelo de inserción internacional

En este capítulo se profundizará la investigación sobre el modelo de inserción planteado por la Iniciativa para la Integración Regional Sudamericana (IIRSA), la cual se perfila como un proyecto tendiente a interconectar el continente sudamericano y propiciar su inserción con el resto del mundo.

Para ello se desarrollan en primer término los antecedentes y las características principales del proyecto, tratando de visualizar los intereses expresos y tácitos que promueven esta iniciativa.

En segundo término, analizaremos el modelo de inserción que se propone desde el discurso de los Estados[26] y cuáles serían, de implementarse en su totalidad, los sectores más beneficiados con la iniciativa.

---

[26] En el comunicado de Brasilia (2000) los Estados manifiestan que "Las fronteras sudamericanas deben dejar de constituir un elemento de aislamiento y separación para tornarse un eslabón de unión para la circulación de bienes y personas, conformándose así un espacio privilegiado de cooperación". Del Plan de Acción elaborado en la reunión de Ministros de Transporte, Telecomunicaciones y Energía de América del Sur (Montevideo, 2000) se expresa que "El desafío principal para la primera década de este milenio es lograr un más elevado ritmo de crecimiento sostenido, que se derive de procesos productivos basados en la tecnología y el conocimiento y cada vez menos en la dependencia de la explotación de los Recursos Naturales". Ver Anexo.

Por último se realiza un análisis bajo la lógica de la teoría de la interdependencia y los regímenes internacionales que se entienden aplicables para el presente estudio, así como los diversos modelos que explican los cambios en los regímenes internacionales.

A. Antecedentes y características principales

IIRSA, impulsada por Brasil en la Reunión de Brasilia del año 2000, tuvo su origen como idea durante la presidencia de Itamar Franco con el proyecto del Área de Libre Comercio para Sudamérica (ALCSA, 1993). Brasil se encontraba en plena expansión y se vislumbraba como una potencia comercial emergente, cuya estructura económica era menos complementaria con el bloque del Tratado de Libre Comercio de América del Norte (NAFTA) y por ello se vio ante la necesidad de profundizar el resguardo de su espacio económico, principalmente en el ámbito del MERCOSUR, con la incorporación en el futuro de los demás Estados de la región, los cuales representaban mercados complementarios a las manufacturas brasileras.[27]

Asimismo la irrupción del mercado asiático y el avance de la UE impulsaban la necesidad de desarrollar una red de infraestructura que permitiera a Brasil la salida a los puertos del Pacífico y el mejoramiento de los Puertos del Atlántico, teniendo en consideración que la situación de

---

[27]   Según datos aportados por el Banco Central de Brasil en su página oficial, Brasil ha exportado en el año 2010 por un total de 201.915 millones de dólares, los cuales representan el 38,9% de las exportaciones de la región. Del total de las exportaciones de Brasil los productos semimanufacturados y manufacturados ascienden a 111.910 millones de dólares, los cuales representan el 55,42% de las exportaciones brasileras y el 21,58% de las exportaciones sudamericanas (www.bcb.gov.br).

la infraestructura regional presentaba niveles deficitarios de consideración.[28]

Por otra parte había que revertir la planificación que históricamente se había desarrollado por cada uno de los países sudamericanos, la cual se estructuraba hacia el interior de ellos, basada en las necesidades y en los intereses nacionales y dejando de lado el desarrollo de una estructura de integración, en algunos casos fomentado por hipótesis de conflictos con los Estados vecinos.[29]

La idea pergeñada por Brasil no tuvo aplicación inmediata, sin perjuicio de lo cual fue retomada con posterioridad por el presidente Henrique Cardoso, ante la amenaza del Área de Libre Comercio de las Américas (ALCA) en 1994 y el debilitamiento del MERCOSUR (1999). En ese marco, convoca para el año 2000 a una reunión en Brasilia, la cual fuera mencionada en el capítulo I de este estudio (Moniz Bandeira, 2004: 504).[30]

Nace en ese momento la idea de crear una región diferenciada de América del Norte y del Caribe: la región Sudamericana, pensada como un "espacio económico integrado", donde se prioriza el libre comercio mediante la eliminación de obstáculos y las trabas arancelarias y la

---

28 Sant'Anna (1997). La región presenta una red de infraestructura deficitaria tanto en cantidad como en calidad en relación con la interconexión entre los diferentes países que la componen.

29 En el caso de Argentina, se planificó una deficitaria infraestructura con Brasil y con Chile en virtud de las posibilidades de un conflicto bélico en el noroeste y sur del país.

30 Pinheiro Guimaraes sostiene que "la profunda interdependencia y dependencia de la economía americana con relación a la economía mundial y la idea de que el éxito económico americano se debe al capitalismo libre son la base de la permanente y consistente estrategia económica externa norteamericana". Sobre esta idea fundamental se estructuró el ALCA y los TLC (Tratado de Libre Comercio) que se propiciaron en la región (Rapoport Mario, 2006: 21).

mejora de las conexiones físicas para el transporte y las comunicaciones.

En este marco y como Anexo a la Declaración de Brasilia[31] antes mencionada, surge IIRSA, proyecto que propicia principalmente la interconexión del subcontinente mediante obras de infraestructura física.

La mencionada iniciativa está construida bajo un régimen de cooperación internacional y por tal motivo se considera que la teoría de los regímenes internacionales es una de las herramientas necesarias para comprender el alcance de dicha medida.

Recordemos que la citada teoría los entiende como órdenes internacionales parciales, de alcance regional o mundial, que tienden a excluir ciertas áreas de la política internacional; "son bienes públicos internacionales que escasean hasta en tanto un actor dominante (poder hegemónico) se encarga de crearlos y hacerlos valer" (Hansclever, Mayer y Rittberger, 1999: 499).

En esta teoría encontramos dos posiciones dominantes que pugnan por su descripción: las teorías neoliberales y las neorrealistas, donde se expone que los Estados mediante la cooperación buscan ganancias relativas o absolutas. En este punto situamos a Brasil, quien entendemos que busca, mediante la instalación de un régimen internacional basado en la planificación de la infraestructura regional, la captación de ganancias relativas que pueden transcribirse en una estrategia para su inserción internacional y una incipiente integración intrarregional.

Para comenzar el análisis de esta iniciativa, corresponde analizar el proyecto presentado como Anexo de la Declaración de Brasilia del año 2000.[32] Esta declaración se presenta como un proyecto multinacional, multisectorial y

---

[31]   Puede consultarse en el Anexo documental de la presente tesis.
[32]   Ver Anexo.

multidisciplinario: multinacional porque participan en ella los doce países de la región sudamericana, multisectorial porque tienen injerencia tanto el sector transporte como los sectores energético y de comunicaciones, y multidisciplinaria porque se encuentran involucradas diversas disciplinas en su formación y en su puesta en marcha.

> La visión de la infraestructura como elemento clave de integración está basada en la noción de que el desarrollo sinérgico del transporte, la energía y las comunicaciones puede generar un impulso decisivo para la superación de las barreras geográficas, el acercamiento de los mercados y la promoción de nuevas oportunidades económicas, siempre que se desarrolle en un contexto de apertura comercial y de inversiones, así como de armonización y convergencia regulatoria (IIRSA Planificación Territorial Indicativa, 2009: 7).

Los principios orientadores que la inspiran fueron expuestos en la III Reunión del Comité de Dirección Ejecutiva (CDE)[33], realizada en Brasilia en mayo de 2002. Éstos responden a la idea del regionalismo abierto, mediante la creación de los denominados "Ejes de Integración y Desarrollo" (EID) que facilitan la sostenibilidad económica, social, ambiental y político-institucional, el aumento del valor agregado de la producción, el uso intensivo de tecnologías de la información, la convergencia normativa y la coordinación público-privado.

Dichos principios, desde la perspectiva de la iniciativa, tienden a fomentar la integración regional y la inserción de la región en el mundo globalizado, dimensiones que se consideran necesarias para alcanzar el desarrollo de las economías sudamericanas. Para lograr este cometido, la infraestructura se constituye en un factor necesario de la integración y el desarrollo regional.

---

[33]   El CDE forma parte de la estructura institucional de IIRSA.

Con ese propósito se esbozaron dos líneas de acción principales: los Ejes de Integración y Desarrollo (EID) y los Procesos Sectoriales de Integración (PSI).

Los EID, definidos en la Reunión de Montevideo de diciembre de 2000 y en la V Reunión del CDE de diciembre de 2003, "constituyen uno de los elementos fundamentales para que IIRSA cumpla sus objetivos, donde su finalidad no se reduce a instaurar corredores eficientes para facilitar la producción y el comercio de bienes, sino en ser vehículos para el desarrollo integral de las regiones y de las personas que las habitan." (IIRSA Planificación Territorial Indicativa, 2009: 15).

Para complementar dichos ejes se planificaron los PSI, que se estructuran con el objeto de identificar los obstáculos de tipo normativo e institucional que impiden el desarrollo de la infraestructura básica en la región y sobre esa base diagramar las políticas necesarias para su superación.

Finalmente en el último período, IIRSA ha incorporado una nueva agenda que denomina "Agenda de Proyectos Prioritarios" (API), la cual tiene como característica que se encuentra conformada por proyectos de alto impacto para la integración física regional, sean éstos de carácter nacional, binacional o multinacional, e incorpora el concepto de sostenibilidad económica, ambiental y social. La selección de los proyectos ha estado precedida por el consenso de los Estados parte.

A.1. Ejes de Integración y Desarrollo

Presentamos en este apartado los diez EID que IIRSA ha diagramado en la región sudamericana y cuyos datos básicos se detallan a continuación.

Mapa N° I

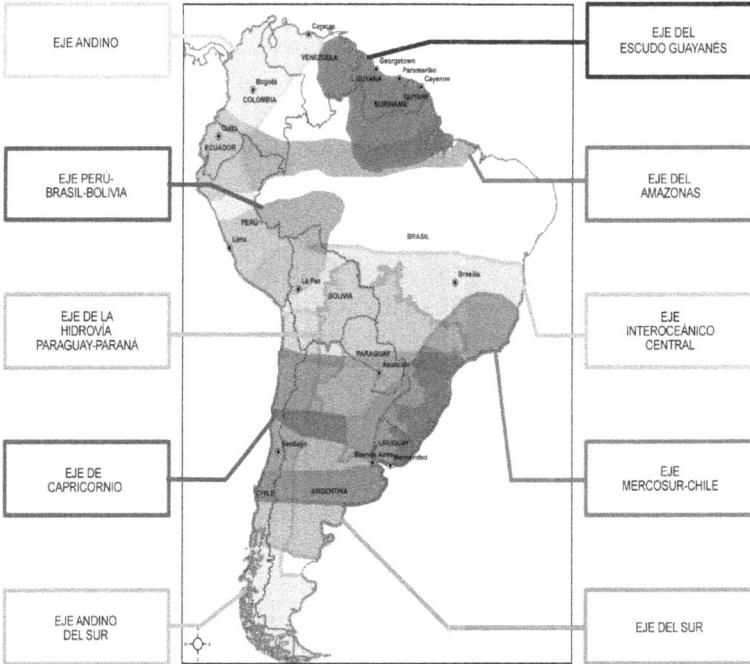

EJE ANDINO	EJE DEL ESCUDO GUAYANÉS
EJE PERÚ-BRASIL-BOLIVIA	EJE DEL AMAZONAS
EJE DE LA HIDROVÍA PARAGUAY-PARANÁ	EJE INTEROCEÁNICO CENTRAL
EJE DE CAPRICORNIO	EJE MERCOSUR-CHILE
EJE ANDINO DEL SUR	EJE DEL SUR

Fuente: IIRSA Planificación Territorial Indicativa, 2009: 15.

A.1.1. Eje andino

Está integrado por Bolivia, Colombia, Ecuador, Perú y Venezuela y conecta las principales ciudades de estos países (Caracas, Bogotá, Quito, Tarija), donde existe una alta concentración poblacional (aproximadamente 99,64 millones de personas), y los puertos de Tumaco y Esmeralda. Se caracteriza por poseer redes horizontales de producción y de comercialización, basados principalmente en productos básicos (actividad agropecuaria, minera, de hidrocarburos, metalmecánica, entre otras). En su diagramación global conecta la Cuenca del Orinoco con el Pacífico.

A.1.2. Eje Perú-Brasil-Bolivia

Este eje presenta la característica de ser transversal y abarca siete departamentos de la región sur del Perú, dos departamentos amazónicos de Bolivia y cuatro estados del noroeste de Brasil. Les otorga la posibilidad de salir hacia el Océano Pacífico a la altura de Arequipa. Posee una superficie estimada de 3,5 millones de km2, de los cuales el 82% corresponde a territorio brasileño, 10% al peruano y el 8% restante al boliviano. Tiene una población cercana a los 13 millones de habitantes, con una densidad poblacional media de 3,53 hab/km2, y el 68% de su población es urbana. La producción característica de esta región está constituida por la ganadería, el agro, la producción forestal, la madera y el cemento, entre otras.

A.1.3. Eje de la Hidrovía Paraná-Paraguay

El proyecto comprende el mejoramiento de las vías navegables de los ríos Paraguay y Paraná, desde Puerto Cáceres en Brasil (Mato Grosso), hasta el Puerto de Nueva Palmira en Uruguay. Es un recorrido de aproximadamente 3440 kilómetros e involucra, además de los Estados antes citados, a Argentina, Paraguay y Bolivia. El objetivo del proyecto es permitir la navegación los 365 días del año, lo que produce una reducción en los costos y en el tiempo del transporte (en comparación con los sistemas viales y férreos), con el consecuente impacto que ello genera en los precios de las mercaderías. A tal efecto se ha proyectado realizar diversas obras –de carácter necesario–, entre las que se encuentran el balizamiento del trayecto, la rectificación de algunos pasajes de la hidrovía y el dragado, a los efectos de aumentar el calado existente en la región.[34] Las

---

[34]   El Proyecto de la Hidrovía nace en 1992. Es incorporado posteriormente a IIRSA como eje de desarrollo y es considerado por el FONPLATA como una de las iniciativas de integración más importantes y que contribuirá al desarrollo de los países que lo componen.

actividades predominantes en el área están constituidas por la agroindustria, la actividad de producción de celulosa, maderera y metalúrgica, y los hidrocarburos.

A.1.4. Eje de Capricornio

Este eje se desarrolla en torno al Trópico de Capricornio. Está integrado por los estados del sur de Brasil, las provincias del noreste y noroeste de Argentina, la región del sur del Paraguay y de Bolivia y la región norte de Chile. Se caracteriza porque en sus extremos posee importantes instalaciones portuarias tanto en el Océano Atlántico como en el Pacífico que dan cuenta de su carácter bioceánico. Esta región presenta economías poco consolidadas con un incipiente proceso industrial de carácter principalmente agrícola, forestal, de minería y pesca, entre otros.

A.1.5. Eje Andino del Sur

Abarca de sur a norte toda la República Argentina en su lado oeste y Chile, como así también el sur de Bolivia. Según los informes de IIRSA, este eje se encuentra en etapa de estudio de conectividad por lo cual no se han desarrollado aún los proyectos necesarios para su concreción.

A.1.6. Eje del Escudo Guyanés

Abarca la región oriental de Venezuela, parte del norte de Brasil y la totalidad de los territorios de Guyana y Surinam. Es una región que posee un potencial de crecimiento con ciertas restricciones físicas, y su diagramación posibilita la interconexión de la Amazonia con el Caribe.

A.1.7. Eje del Amazonas

Este eje interconecta determinados puertos del Pacífico (como el Puerto Tumaco en Colombia; Esmeraldas en Ecuador; Paitá en Perú; Manaos, Belén y Macapá en Brasil). Asimismo interconecta algunos puertos de carácter fluvial como El Carmen en la frontera de Ecuador y de Colombia, el puerto Gueppi en Colombia y Sarameriza y Yurimaguas en Perú. La flora y la fauna existente en la región es una de las reservas de biodiversidad más importantes a nivel mundial. Los grupos de proyectos desarrollados en este eje tienen por fin constituirse en la puerta de acceso a diversas hidrovías de la región (Hidrovía del Morona-Marañón-Amazonas; Hidrovía del Napo; Hidrovía del Putumayo; red de hidrovías Amazónicas; Hidrovía del Huallaga-Marañón; Hidrovía del Ucayali e Hidrovía del Solimões-Amazonas).

A.1.8. Eje Interoceánico Central

Este eje transversal conecta a cinco países de la región: Bolivia, Brasil, Chile, Paraguay y Perú, y une mediante su trazado los océanos Pacífico y Atlántico. Su superficie ronda los 3,3 millones de km2, lo que equivale al 28% de la superficie de los cinco países que forman parte del eje y al 19% de la superficie total de América del Sur. Dentro de los centros urbanos más importantes se encuentran: San Paulo, Río de Janeiro, Corumbá, Santos, Campiñas, Asunción, Santa Cruz de la Sierra, Cochabamba, La Paz-El Alto, Tarija, Potosí, Iquique y Arica. La densidad de población promedio es del orden de 28,6 hab/km2.

A.1.9. Eje MERCOSUR-Chile

Con una superficie de 3,1 millones de km2, abarca la totalidad de la República Oriental del Uruguay; el centro de Chile, el centro y noreste de Argentina; el sur de Brasil, y el sudeste del Paraguay. Su población estimada es de 126 millones de habitantes y es una zona de alta urbanización. Existe una consolidación industrial y una economía estructurada más allá de las oscilaciones propias de los países que componen la región (industria de cueros, textiles, aeronáutica, químicos, vitivinícola, entre otros), se presentan visibles patrones de comercio e integración física y poseen referentes institucionales de integración.

A.1.10. Eje del Sur

Une los océanos Atlántico y Pacífico desde los puertos argentinos de Bahía Blanca y San Antonio Este hasta los puertos chilenos de Concepción y Puerto Montt. Posee una superficie de alrededor de 500.000 km2, y la población alcanza casi 6,1 millones de habitantes. La característica de este eje es que posee un carácter netamente exportador.

Como puede apreciarse en el Mapa N° I y en la descripción detallada de cada uno de los ejes, el objetivo de la puesta en marcha de éstos responde a una interconexión básicamente interoceánica de la región sudamericana, y ello responde a la idea de profundizar la inserción internacional de la región con el resto del mundo, principalmente con los mercados del sudoeste asiático.

La traza, en su mayoría horizontal, propicia la conexión de los puertos del Atlántico y del Pacífico y, atento a la dimensión que posee el territorio de Brasil,[35] siete de los diez corredores tiene impacto en él. Por esto se comprende que la iniciativa de este proyecto corresponda principalmente a este país, que se vería beneficiado con el trazado de las obras que se proyectan.

Cabe destacar que son pocos los proyectos que poseen una diagramación de carácter vertical, entre los cuales encontramos al Eje de la Hidrovía Paraná-Paraguay que se encuentra en una implementación parcial y el Eje Andino del Sur que aún está en etapa de evaluación.

Dentro de cada uno de estos corredores, se encuentran diversos proyectos referidos a la energía, a las comunicaciones y al transporte, pero es este último sector el que incluye la mayor cantidad de iniciativas (más del 80%) que se plasman en corredores viales, férreos e hidrovías, lo que da a la región una configuración diferente a la consagrada en el Mapa N° I.

---

[35]   Ver Capítulo II.

Mapa N° II
Proyectos de infraestructura sudamericana

Fuente: www.soberanía.org

Acorde con la planificación desarrollada en el presente mapa se puede visualizar una concentración de proyectos en áreas ya desarrolladas y enormes espacios vacíos en áreas menos desarrolladas. Según Koutoudjian (2001: 205), esta situación puede construirse en uno de los factores que den inicio a un proceso de fragmentación en la región sudamericana, dada la debilidad de su estructura política. Dicha fragmentación se produce por la exclusión de las áreas que no se encuentran beneficiadas por los proyectos de infraestructura, que impulsan la dinamización de los espacios donde se implementan y propician su conectividad internacional principalmente a través de los puertos marítimos y fluviales.

Como ejemplo de ello podemos mencionar dentro de los ejes desarrollados por la iniciativa, el que integra las zonas de Río de Janeiro-San Pablo-Buenos Aires-Santiago de Chile, espacio socioeconómico donde se concentra la mayor densidad poblacional[36] y el mayor PBI de la región,[37] y el de la Hidrovía Paraná-Paraguay que se transforma en un eje vertical que interconecta el espacio de mayor riqueza

---

[36] Existen en cada uno de los países áreas metropolitanas que presentan grandes concentraciones de habitantes, de las cuales se destacan la Ciudad Autónoma de Buenos Aires (Argentina) con 2.891.082 millones de habitantes (INDEC) cuya región metropolitana o zona de influencia asciende a 15.594.428 millones de habitantes, San Pablo (Brasil) con 11.244.369 millones de habitantes (IBGE), la región de Santiago de Chile (Chile) con 5.875.013 millones de habitantes (INE), Montevideo (Uruguay) con 1.269.552 millones de habitantes (INE) y Asunción (Paraguay) con 504.431 miles de habitantes (DGEEC), entre otras. Los porcentajes son tomados sobre la base de la población total.

[37] Ocho estados brasileros (SP, RJ, MG, RS, PR, SC, BA y DF) concentran el 78,2% del PIB del país (IBGE). Las provincias argentinas de Santa Fe, Córdoba, Mendoza y Buenos Aires juntamente con la Cuidad Autónoma de Buenos Aires concentran el 80% del PBI de la Nación (INDEC). La Ciudad de Buenos Aires concentra el 25,67 % del mismo. La Región Metropolitana de la ciudad de Santiago de Chile concentra casi el 45% del PBI de Chile (Banco Central de Chile).

de la región sudamericana e impulsa la dinamización de áreas que presentan en la actualidad altos niveles de crecimiento y de desarrollo.

Por otra parte, cada una de las líneas de acción establecidas dentro de los EID comprenden un gran número de proyectos. Atento a ello, IIRSA decidió en el año 2005 elaborar una Agenda de Implementación Consensuada (2005-2010) en la cual se han seleccionado alguno de los proyectos que integran cada uno de los ejes, en su mayoría proyectos ancla. Estos últimos se identifican con el cuello de botella o eslabón faltante de la red de infraestructura que impide el aprovechamiento óptimo de los efectos combinados del grupo. Puede ser un proyecto ya implantado (Proyecto Ancla existente) o que debe crearse.

Constituida por treinta y un proyectos de integración, aprobados por el CDE de IIRSA en noviembre de 2004, ha sido presentada a los Jefes de Estado en la Cumbre de Cuzco de diciembre del mismo año, teniendo en consideración "la planificación territorial y de ordenamiento de la Cartera de Proyectos IIRSA y que por sus características tienen un alto impacto en la integración física de Suramérica."[38]

Según la información oficial brindada por IIRSA, la elección de los proyectos tuvo en cuenta "la posibilidad de su ejecución, *ya que facilita el establecimiento de prioridades por parte de los gobiernos* en un contexto en el que, en algunos casos, se *experimentan restricciones fiscales, limitada capacidad de endeudamiento público, así como una participación del sector privado en el desarrollo de infraestructura que debe fortalecerse."*[39]

---

[38]   www.iirsa.gov.ar. Junto con los 31 proyectos de la AIC, se incorporaron dos proyectos del área de comunicaciones (exportación por envió postales para pymes e implementación de acuerdo de roaming en América del Sur).

[39]   www.iirsa.gov.ar.

En este contexto se presentan en la siguiente figura los proyectos que componen la citada Agenda para el período 2005-2010.

Mapa N° III
Agenda de Implementación Consensuada 2005-2010 Proyectos Estratégicos de los Ejes de Integración y Desarrollo de IIRSA y Proyectos del Proceso Sectorial de Tecnologías de la Información y las Comunicaciones

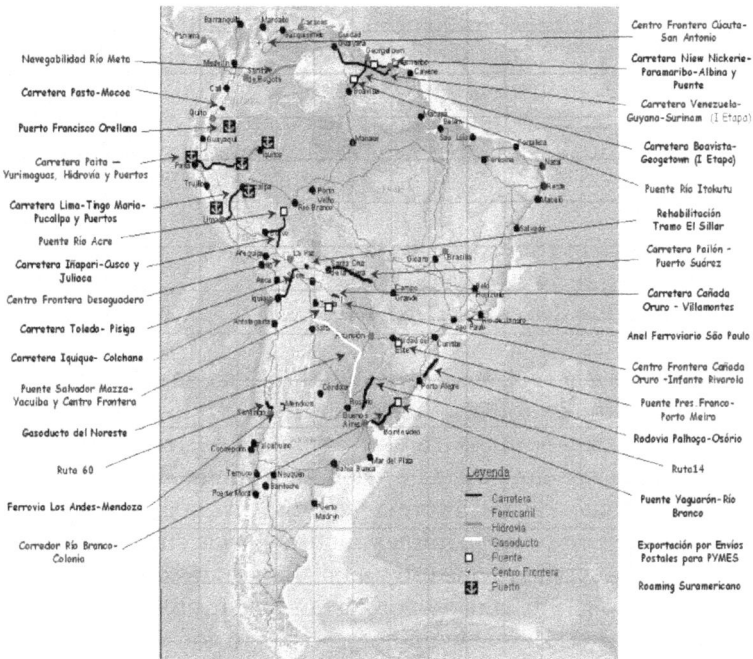

En este diseño se repite la conformación de un mapa sudamericano, que concentra las obras en los litorales marinos y deja de lado su zona central. Asimismo muchos de los proyectos que se presentan son obras destinadas a reacondicionar las vías de comunicación ya existentes.

Por otra parte, cabe señalar la inclusión en este esquema de proyectos de aquellos que incorporan a Guyana y Surinam, áreas no hace mucho tiempo atrás desconectadas del resto de la región sudamericana, tanto desde el punto de vista físico como político. Esto último se ve finalmente afianzado con la incorporación de estos países no sólo en la iniciativa que estamos analizando sino también a la Unión de Naciones Sudamericanas (UNASUR).

Retomando la agenda del IIRSA, es preciso indicar que juntamente con los EID se presentan los Procesos Sectoriales de Integración y la Agenda de Procesos Prioritarios de Integración que se detallan a continuación.

A.2. Procesos Sectoriales de Integración (PSI) y Agenda de Proyectos Prioritarios de Integración (API)

Estos PSI son presentados por la iniciativa como otro de sus pilares fundamentales y constituyen los servicios esenciales que se pueden presentar en cualquiera de los ejes expuestos con anterioridad, y tienen por objeto identificar los obstáculos de tipo informativo e institucional que impiden el desarrollo de la infraestructura básica en la región.

Estos servicios, que proponen eliminar los obstáculos al desarrollo y la integración, están constituidos por los instrumentos de financiamiento, la integración energética, la facilitación de los pasos de frontera, la tecnología de la información y las comunicaciones y los sistemas operativos de transporte aéreo, marítimo y multimodal.

Por otra parte la API se presenta desde IIRSA como

un conjunto acotado de proyectos estratégicos y de alto impacto para la integración física y el desarrollo socioeconómico regional. El objetivo de la Agenda es promover la conectividad de la región a partir de la construcción y operación eficiente de infraestructura para su integración física, atendiendo a criterios de desarrollo social y económico sustentable, preservando el ambiente y equilibrio de los ecosistemas. Los componentes de esta Agenda no son proyectos aislados, sino "proyectos estructurados". Un proyecto estructurado es aquel que consolida redes de conectividad física con alcance regional, con el propósito de potenciar sinergias existentes y solucionar las deficiencias de la infraestructura implantada.[40]

Esta agenda está integrada por 31 proyectos estructurados y 88 proyectos individuales que se desarrollan dentro de los EID, entre los cuales podemos destacar la construcción del puente Salvador Mazza-Yacuiba y Centro de Frontera; el Corredor Ferroviario Bioceánico Paranagua-Antofagasta, el mejoramiento de la navegabilidad de los ríos de la Cuenca del Plata y la interconexión ferroviaria Paraguay-Argentina-Uruguay, entre otros.[41]

B. IIRSA: la integración regional y la inserción internacional

Desde la creación del IIRSA en el año 2000 como Anexo a la Declaración de Brasilia, hasta el año 2009, la iniciativa se desplegó y se desarrolló en la región sin estar ligada a ningún proceso de integración determinado y con una estructura orgánica muy limitada y reducida

---

[40]   Sitio web de IIRSA: www.iirsa.org
[41]   Para ver la lista completa de los proyectos API, consultar la página oficial de IIRSA.

Ésta está compuesta (porque este esquema aún se mantiene) principalmente por un Comité de Dirección Ejecutiva (CDE) –integrado por representantes de niveles ministeriales, en especial las áreas referidas a Obras Públicas–, las Coordinaciones Nacionales (CCNN) –que impulsan la articulación de las áreas internas en cada uno de los Estados y donde se desarrollan los Grupos Técnicos de los Procesos Sectoriales y los de los Ejes de Integración–, un Comité de Coordinación Técnica (CCT) –donde encontramos a los organismos regionales de financiamiento CAF, FONPLATA y BID– y la Secretaría del CCT.

Cuadro Nº VIII
Estructura IIRSA

Fuente: www.iirsa.org

Esta desconexión entre los procesos vigentes de integración y la iniciativa permitió que esta última mantuviera los intereses primigenios de su creación, representados principalmente por la conexión interoceánica del continente, bajo una visión de inserción internacional en la lógica del comercio internacional y bajo el prisma del neoliberalismo imperante en la década de 1990, bajo el cual se propiciaba la liberación comercial y el regionalismo abierto como herramienta del desarrollo de los pueblos.

> La visión de la infraestructura como elemento clave de integración está basada en la noción de que el desarrollo sinérgico del transporte, la energía y las comunicaciones puede generar un impulso decisivo para la superación de las barreras geográficas, el acercamiento de los mercados y la promoción de nuevas actividades económicas, siempre que se desarrolle en un contexto de apertura comercial y de inversiones, así como de armonización y convergencia regulatoria. Además mejorar la infraestructura debe verse como parte de un proceso más amplio que sea vector del desarrollo sostenible y generador de empleo e ingreso para las poblaciones involucradas. (IIRSA Planificación Territorial Indicativa, 2009: 7).

Estos principios, su estructura y sus objetivos se han mantenido, a pesar o juntamente con los cambios políticos acaecidos en la región, que impulsan un abandono de las políticas neoliberales de sus antecesores. A contrario sensu y en lo referente a los procesos de integración regionales como el MERCOSUR, por ejemplo, se inició un camino en el cual se planteó la inclusión de determinadas temáticas sociales y políticas, antes abandonadas por la agenda exclusivamente comercial del bloque.[42]

---

[42]   En la Cumbre de Ouro Preto (2004) se plasmaron sendos acuerdos referidos a la profundización de la integración política y social, como la creación del Parlamento del MERCOSUR, la conformación del Fondo de Convergencia Estructural del MERCOSUR (FOCEM), la instalación del Foro Consultivo de Municipios, Estados Federados, Provincias y Departamentos del MERCOSUR, la inclusión en la agenda de temas referidos a los Derechos Humanos, entre otros (Gerardo Caetano, 2006: 25).

Esta situación de desconexión entre IIRSA y los procesos de integración existentes se mantiene hasta el advenimiento de la UNASUR (2006), y la región presenta dos modelos de integración: uno netamente comercial y otro comercial-social y político, que conviven entre sí.

Desde el punto de vista institucional, tanto IIRSA como la UNASUR son procesos en los cuales no se diagraman grandes estructuras internas, las cuales son de carácter intergubernamental y concentradas, con lo cual se tornan más flexibles en los procesos de toma de decisiones, basados principalmente en el consenso y en la diplomacia presidencial. Sin perjuicio de ello podemos decir que ambos modelos representan agendas diferentes.

La UNASUR posee un alto contenido político y aleja los temas comerciales de la cabecera de la agenda, e IIRSA, mediante la infraestructura física, consagra su necesidad para la profundización de un modelo comercial determinado.

Ambos, sin embargo, son complementarios: uno tiene entre sus fines el posicionamiento y el fortalecimiento político de la región, evidenciado por las diferentes decisiones que se han tomado en virtud de determinados principios rectores, como la defensa de la democracia (en el caso de Bolivia y Ecuador), el respeto irrestricto al principio de no intervención (conflicto entre Ecuador y Colombia) y la articulación de la cooperación en ayuda humanitaria (Chile y Haití) y el plano extra regional, la unificación de ciertas posiciones comunes, como la adoptada por la UNASUR en el conflicto de Honduras (2009).

Esta situación de complementariedad se termina de concretar en el año 2009 con la incorporación de IIRSA en el marco del Consejo de Planificación de la UNASUR (COSIPLAN), propuesta presentada por Argentina y avalada por los demás países. En ese marco, la iniciativa, bajo el prisma político que impera en la UNASUR, condujo a que las decisiones ya no se tomaran en forma aislada sino que formaran parte de un proceso de integración, en el cual deberían transitar el mismo proyecto y objetivo.

Habría entonces que preguntarse qué tipo de inserción internacional se prioriza a través de los proyectos mencionados y si cambiaron los parámetros establecidos de la iniciativa desde el año 2000 en adelante.

Desde lo discursivo, la iniciativa prioriza la integración regional y la integración de la región al mundo.

El primero de los objetivos es sin duda alguna necesario. Los datos que brindáramos en el Capítulo II punto C.2.4, dan cuenta de ello. Allí se visualiza que la región presenta niveles bajos y heterogéneos de integración comercial, donde algunos Estados dependen casi en forma exclusiva de las exportaciones que se efectúan hacia el continente, a diferencia de otros cuyas exportaciones poseen una mayor diversidad de destinos. En el mismo capítulo se indica que la ausencia o ineficiencia de la infraestructura es una de las causales que provocan dicha circunstancia.

Con referencia al segundo punto –la inserción de la región en el mundo desde el punto de vista comercial–, se presenta en ascenso, según los datos aportados en el Cuadro V, pasa en promedio de U\$S 152.206 millones en el período 1998-2000 a U\$S 525.962 millones en el período 2008-2010.

En este marco la iniciativa tiende a reforzar y a acompañar el crecimiento comercial detallado si se tiene en consideración la diagramación de los proyectos antes mencionados, en cuanto a las zonas por las cuales se instrumentan y los posicionamientos en referencia a los puertos como ejes de mayor relevancia.

Sin lugar a dudas la inserción de la región en el mundo mediante el comercio es una necesidad de la región, sin perjuicio de lo cual habría que instrumentar proyectos que impliquen la diversificación de las exportaciones y la incorporación de valor agregado en los productos que actualmente se exportan.

La diagramación de la infraestructura para la exportación podría generar el nacimiento de proyectos de producción, incentivar el avance de las cadenas de valor o profundizar el modelo exportador ya existente.

Si se diagrama el esquema exportador con miras al Pacífico para la conquista del mercado asiático, principalmente chino, y con miras al Atlántico, con la expectativa de mantener el mercado europeo e iniciar un intercambio con el continente Africano, hay que tener en cuenta que esta perspectiva de supuesta diversificación de los mercados no garantizará por si sola un escudo frente a fututos escenarios de crisis global.

La diagramación de la infraestructura para exportación, además de ser diversificada en cuanto a los productos y a los mercados, necesita para ser sólida, mantenerse en el tiempo y poder contener en alguna medida las crisis del mundo globalizado, el fortalecimientos de los sistemas productivos, la industrialización nacional y la complementación regional, así como el fortalecimiento y la coordinación de las instituciones y las políticas nacionales y regionales (Rapoport, 2006: 28).

Sólo así, y mediante el fortalecimiento de las instituciones y la coordinación de las políticas comerciales, se podría constituir a la región en un área de vinculación estratégica con el mundo; de lo contario se profundizará el modelo principalmente agroexportador, lo que impedirá el desarrollo de las áreas más deprimidas y profundizará la fragmentación del territorio.

Si se considera la diagramación contenida en el proyecto IIRSA, ésta se identifica más con este último escenario, en el cual la región pierde una oportunidad para plantear otro modelo de desarrollo y de inserción.

C. IIRSA desde las relaciones internacionales

En este último apartado se genera un análisis de IIRSA, basado en los lineamientos vertidos principalmente por Kehoane y Nye (1998) en relación con la teoría de la interdependencia y los regímenes internacionales.

Si se parte de la premisa según la cual el mundo se ha vuelto cada vez más interdependiente,[43] no solamente entre las unidades estatales, que mantienen su importancia central en el análisis, sino también entre otros componentes o actores que interactúan entre sí (empresas, ONG, unidades subnaciones, entre otros), es dable preguntarse si existe interconexión o interdependencia en la región sudamericana y en qué grado, conforme el modelo de inserción que hemos planteado en el apartado anterior.

El grado de interdependencia puede determinarse en virtud de los resultados de los intercambios internacionales, entre los que se incluyen las relaciones comerciales. Estos intercambios pueden dar lugar a situaciones que Kehoane y Nye refieren como de interconexión o de interdependencia en relación con el grado de dependencia que el Estado presente frente a aquellas. Donde existen costos recíprocos en los intercambios –aunque no necesariamente simétricos–, hay dependencia; cuando estos costos no son significativos, estamos frente a una situación de interconexión (1998: 22).

Cuando los Estados plantean políticas que refuerzan las relaciones de interdependencia, asumen costos; estos pueden centrarse en la reducción de la autonomía y en la dificultad de establecer a priori si los beneficios serán mayores que los costos.

Siguiendo la exposición de los autores mencionados, lo relevante en una situación de interdependencia se relaciona

---

[43] Según Keohane y Nye el concepto más simple de interdependencia puede traducirse o concentrarse en la dependencia mutua.

con la vulnerabilidad que pueden presentar los Estados frente a un acontecimiento externo y con la posibilidad que ellos tienen para afrontar las consecuencias que de ella derivan, mediante la capacidad que ostentan para la aplicación de medidas políticas que permitan mitigar las consecuencias de la interdependencia.

Asimismo cabe señalar que una situación de interdependencia también se puede dar en el marco de un proceso de normas y de procedimientos conocido como regímenes internacionales. Incluso reconociendo la debilidad del derecho internacional o la ausencia de poder de las organizaciones internacionales, los regímenes tienen importantes efectos en las relaciones de interdependencia, en virtud de que en ellos se presenta una determinada estructura de poder.

En este marco, los cambios en los regímenes internacionales, ya sean graduales o dramáticos, nos enfrenta a un cambio en la diagramación de la política de la interdependencia. Entender dichos cambios y por qué se generan nos proporcionaría una herramienta para la comprensión de ciertos comportamientos estatales que bajo un análisis ligero parecerían incomprensibles por los altos costos que acarrean.

Con este fin, Kehoane y Nye elaboraron modelos de análisis, los cuales se basan en: a) los procesos económicos, b) la estructura del poder global, c) la estructura de poder dentro de determinadas áreas de cuestiones y d) los atributos de poder en tanto resultan afectados por los organismos internacionales.

Utilizaremos las herramientas que nos han brindado los autores para avanzar en el análisis del presente trabajo, que se basa en indagar acerca de la integración comercial en la región sudamericana y analizar si existe interdependencia y en qué grado, como asimismo las características de los regímenes internacionales donde se desarrollan y los cambios que se han producido en ellos en el marco del IIRSA.

C.1. ¿Interdependencia o interconexión?

En este punto cabría hacer una división entre la región sudamericana, en referencia al modelo de inserción con el resto del mundo, y la relación intrarregional planificado desde la visión del IIRSA.

En el primer caso, entendemos que estamos ante una situación de interdependencia y no de simple interconexión.

La región, en su conjunto, ha experimentado en la última década un crecimiento comercial sostenido, basado principalmente en las exportaciones que ha logrado introducir en el resto del mundo y en los precios de los productos que desarrolla, tal como se expresara con mayor detalle en el Capítulo II.

Esta inserción trajo aparejada la necesidad de una planificación territorial en relación con la infraestructura existente a los efectos de mejorar los canales de comercialización (IIRSA).

En las reuniones preparatorias y sus correspondientes declaraciones se esbozaron por parte de los Estados algunas de las características propias de la teoría de la interdependencia.

En primer lugar, se hace hincapié en la consolidación de la paz regional. La región sudamericana es una región de paz. Las hipótesis de conflictos tradicionales han quedado en el pasado para dar lugar a la cooperación internacional mediante los acuerdos de integración que han sido sostenidos por los Estados, como el MERCOSUR y más recientemente la UNASUR, marco en el cual a partir de 2009 se incorpora IIRSA.

Asimismo podemos inducir que un mayor comercio de la región con el resto del mundo puede traer aparejados beneficios para los Estados; pero si éstos profundizan la matriz productiva que actualmente presentan, los resultados no serán simétricos (característica de la interdependencia) ya que dependerán de los precios internaciones que se proyecten en el futuro y de las características de las exportaciones que ostente cada uno de ellos.

Un alza en los precios de los productos agropecuarios traerá aparejado un beneficio a los Estados que los producen y lo mismo sucederá con aquellos, como Venezuela, cuya economía se sustenta básicamente en la producción de hidrocarburos. *A contrario sensu* las economías de la región se verán perjudicadas en diversas maneras por las reducciones de los precios en relación con los productos mencionados. La concentración en un área de productos sustenta en mayor medida las importaciones de aquello que los Estados necesitan para el sustento de su población o de su propia economía. Dependiendo de las características que las importaciones posean y del peso propio de ellas en el mercado interno, los costos que asumirán los estados podrán ser considerables si de ellas dependen en gran medida el desarrollo del país.

Hablamos de que existe entonces una situación de interdependencia en virtud de que sus costos o sus beneficios resultan relevantes para la región en su conjunto. Entendemos que la diagramación del proyecto IIRSA tiende a promover y a profundizar dicha interdependencia y con ella la reducción de la autonomía, según los lineamientos establecidos por la teoría.

En relación con la interdependencia dentro de la región sudamericana, vemos que en el escenario comercial no es tan profunda. Los lazos comerciales entre los estados, si bien se han ampliado, no representan una situación de interdependencia como la que describiéramos anteriormente, o al menos no de forma uniforme para todos. Por ejemplo Estados como Chile, Brasil o Venezuela poseen un grado de interdependencia muy bajo o de conexión, en los términos de Kehoane y Nye, en tanto que países como Paraguay y Bolivia tienen una dependencia mayor con el resto de los países sudamericanos.

Por ello los grados de interdependencia en el análisis de la región varían considerablemente si se la estudia en su conjunto con referencia al resto del mundo o si se la analiza desde una óptica intrarregional, donde las situaciones no son homogéneas y los grados de interdependencia varían.

Nos basamos para afirmar lo anterior en las relaciones comerciales intrarregionales que aún no han alcanzado altos grados de profundización. Ello en gran medida debido a las características de las producciones del bloque que son competitivas entre sí y en la ausencia de una planificación de la infraestructura física de integración que permita el desarrollo de las regiones más postergadas.

En este marco, la diagramación de IIRSA que entendemos profundiza la interdependencia hacia el exterior y no arroja los mismos resultados hacia el interior del bloque. Ello se ve reflejado en que los principales corredores poseen carácter bioceánico, donde se destaca en el trazado sobre los territorios un recorrido de las regiones de mayor desarrollo y densidad poblacional del subcontinente. Atento lo cual las características productivas tenderán a incrementarse, lo que restará la posibilidad de desarrollar cadenas productivas de valor que aumenten el valor agregado de los productos, desarrollando las regiones más postergadas y descentralizando las mayores metrópolis, proceso que limita la posibilidad de consagrar, en el futuro, el paradigma de una región más homogénea.

C.2 IIRSA en el marco de los regímenes internacionales

Siguiendo con el análisis, corresponde abordar ahora el estudio de esta situación de interdependencia en el marco de IIRSA (principalmente basado en el ámbito del comercio exterior), el cual se corresponde con la teoría de los regímenes internacionales, atento que la situación de interdependencia se da en un marco de normas, de procedimientos y de pautas previamente establecidos.

Como hemos dicho con anterioridad, IIRSA se crea en 2000 con una estructura simple e intergubernamental y con procedimientos establecidos para la toma de decisiones, encaminados a concretizar los fines pautados. Pero en la corta vida de esta iniciativa podemos hacer una división temporal, que abarca desde su creación en 2000 hasta 2008, año en el cual se propone la incorporación de IIRSA a la UNASUR, y otra desde 2008 hasta 2010 y en adelante.

En el primer período enunciado (2000-2008), la iniciativa surge y se estructura con una lógica dirigida exclusivamente al comercio internacional, bajo el lema de la integración intrarregional, en un contexto político de cambios y crisis, donde priman en la región los gobiernos neoliberales, con una profundización de las necesidades básicas de las poblaciones insatisfechas.

La estructura de la iniciativa en sus inicios no contempla un anclaje a un proceso de integración determinado, ni constituye en sí misma uno nuevo, si se la compara con los ya existentes en ese momento (MERCOSUR-CAN). La estructura es intergubernamental pero, a diferencia de los procesos de integración mencionados, se caracteriza por ser ágil y menos burocrática.

Así IIRSA se compone de un Comité de Dirección Ejecutiva, formado por los ministros de Planificación e Infraestructura de cada uno de los doce países que la integran, secundados por las segundas líneas que asumen las Coordinaciones Nacionales, junto con un Comité de Coordinación Técnica, una Secretaría y Grupos Técnicos de Procesos Sectoriales y de Ejes de Integración. Esta estructura se encuentra a su vez acompañada por las tres instituciones financieras multilaterales de la región: el BID, la CAF y el FONPLATA, de forma tal que se logren los objetivos multisectoriales propuestos (Ver Cuadro VIII).

En ese esquema, IIRSA quedaba de alguna manera al margen de las controversias que surgían en los procesos de integración regionales. Podría decirse que la iniciativa marchaba sola.

Esta situación sufre un cambio importante en el año 2008, avanzado ya el cambio político en el mapa regional, donde la mayoría de los Gobiernos sostienen políticas contrarias al proceso neoliberal de los años anteriores y donde los procesos de integración, como el MERCOSUR, comienzan a incorporar en su agenda variables sociales, como la educación, la cultura, la necesidad de tomar medidas contra la pobreza y la desigualdad existente.

En este marco surge asimismo en 2005 la Unión de Naciones Sudamericanas (UNASUR), que proyecta una integración de carácter político y social más que económico. Mientras estos cambios acaecían, IIRSA continuaba su camino con los parámetros establecidos en sus primeros años. Recién en el año 2008 se plantea la necesidad de un cambio, principalmente en la estructura de la iniciativa al incorporar el Consejo de Planeamiento de la UNASUR por iniciativa de la República Argentina, iniciativa receptada por los demás países. Esta situación pone al IIRSA bajo una estructura más política y compleja y, si bien mantiene la estructura básica establecida en sus inicios, la agenda comienza a incorporar temas relacionados con las cadenas productivas de valor, para intentar de una manera incipiente y sectorial la tan mentada integración intrarregional por infraestructura física.

¿Por qué se han dado estos cambios en este régimen internacional tan peculiar? Para contestar a esta pregunta comenzaremos aplicando el modelo de análisis basado en los procesos económicos de Kehoane y Nye para una situación determinada.

Este modelo de análisis expresa que los cambios producidos en un régimen internacional, basado en los procesos económicos, pueden derivar de un cambio en el poder político aun cuando éste se presente de manera indirecta. En este punto podemos resaltar que la región sudamericana ha presentado estos cambios en dos ejes: 1) el cambio ideológico de los Gobiernos de la región a principios del nuevo siglo, que se enfrentaron a las políticas sociales y económicas de carácter neoliberal que ostentaron sus pares en la década de 1990 y 2) el creciente rol de Brasil como interlocutor válido de la región, encaminado a solidificar su posicionamiento como potencia regional y su inserción política internacional en el contexto mundial.

Estas situaciones han repercutido en los procesos de integración, como el MERCOSUR, en la creación de la CSN posteriormente devenida en la UNASUR y en el lanzamiento de IIRSA como un plan estratégico de inserción comercial, donde su estructura tiene su epicentro en esa potencia regional.

Asimismo, los autores mencionados hacen hincapié en que los cambios de los regímenes se producen por los avances tecnológicos, especialmente en lo referente a transporte y comunicaciones, lo cual tiene un impacto directo en la reducción de los plazos de las transacciones y en la reducción de las distancias, todas ellas premisas receptadas por esta iniciativa. Por otra parte, el factor económico en sí también puede provocar un cambio en los regímenes, especialmente en lo referente a situaciones relacionadas con el crecimiento económico y del comercio de las naciones, circunstancias que se evidencian en la región en el período en estudio y que han sido abordadas en el Capítulo II del presente trabajo.

El cambio estructural producido en IIRSA en el año 2009, en el cual queda bajo la órbita de la UNASUR, ha sido un proceso anunciado con su creación. El mayor control político sobre el área de la infraestructura física y la revisión de las áreas de análisis constituyen el colofón de estos cambios que se presentaron en la región sudamericana, que vio acrecentar su nivel de interdependencia económica con el resto del mundo, lo que constituye una de las premisas enunciadas por Kehoane y Nye (1998: 61).

El cambio en IIRSA no se presenta como un cambio caótico sino que más bien puede enunciárselo como un cambio gradual, como adaptación a la nueva realidad imperante en los años 2000-2010.

Otro de los modelos que nos ofrecen los autores para poder explicar el cambio de un régimen internacional se basa en el poder global, ya que consideran que la explicación basada en el crecimiento económico y el cambio de las tecnologías no es suficiente para poder analizarlo acabadamente.

La lógica sobre la cual se estructura este modelo se basa en el poder global desde el Estado, definido como capacidades de poder. Este poder es esencialmente cambiante y por lo tanto las normas de los regímenes internacionales responderán a esos cambios.

Asimismo los autores señalan que el mantenimiento de un régimen internacional necesita de un liderazgo. Este papel le otorga al Estado la facultad de derogar las normas que se opongan a sus intereses y evitan la sanción de nuevas normas que también lo hagan.

Creemos que en esta dirección se erige Brasil, especialmente luego de la fuerte crisis y devaluación acontecida en 1998. El crecimiento económico de este país (capítulo II) y la fuerte presencia regional e internacional de los últimos tiempos le han brindado un marco de autonomía que antes no poseía y han direccionado los regímenes internacionales existentes en la región en pos de la consecución de sus objetivos políticos y económicos. La fuerte expansión de su economía y la diversificación de sus exportaciones y mercados le han proporcionado un liderazgo que le permite la modificación gradual de los procesos en base a sus propios objetivos.

Bajo esta lógica podríamos explicar los cambios acaecidos en los procesos de integración regional. El cambio producido con la creación de la UNASUR, como foro principalmente de concertación política y marco en el cual se inscribe IIRSA a partir de 2009, así como la creación de la CELAC y el estancamiento del MERCOSUR, responden a los intereses principalmente de Brasil, quien, mediante el fortalecimiento regional, acrecienta su espacio en el contexto internacional y se erige como potencia local e interlocutor válido para el resto del mundo.

En los términos del modelo de Kehoane y Nye, podría decirse que el poder esgrimido por una potencia, en este caso regional, proyecta sobre los regímenes internacionales en estudio sus cambios, sus estructuras y sus objetivos y modelos.

Por último cabe analizar el cambio en el régimen internacional producido desde el modelo basado en la organización internacional, entendiéndolo según palabras de Kehoane y Nye como un conjunto de redes, normas e instituciones que una vez establecido ofrecerá dificultades para su erradicación o su modificación.

Esta organización presupone un freno a los Estados, aun a aquellos que posean mayores atributos de poder, en virtud de la dificultad que puede presentar una propuesta de cambio de la organización internacional, sobre todo porque ella no se estructura únicamente sobre la base diplomática gubernamental, sino que es acompañada por actores no estatales en su desempeño.

Según Elsa Laurelli (1999: 505), el proceso de restructuración económica y los grandes proyectos de infraestructura como IIRSA están siendo monopolizados por sus actores más dinámicos, fundamentalmente por las empresas transnacionales, lo que genera efectos en el territorio, donde "se destacan la desindustrialización, la aceleración desigual de la urbanización con niveles cada vez mayores de segregación y exclusión social, la aparición de nuevos enclaves –entre los que se destacan los enclaves turísticos–, nuevos desiertos interiores, etc.".

A pesar de las características que posee el modelo de organización internacional, reticente al cambio, los Estados, ante la evaluación de los costos políticos que pueda enfrentarse, pueden decidir, moderar, modificar o directamente eliminar la organización internacional cuando afecte sus intereses principales.

Al combinar las explicaciones propuestas, entendemos que el modelo de cambio relacionado con los procesos económicos es el que mejor explica IIRSA y los cambios que puedan producirse en un futuro en la misma.

Capítulo IV.
Hidrovía Paraná-Paraguay.
Un modelo de análisis de la integración por infraestructura

A. Antecedentes y características del Programa de la Hidrovía Paraná-Paraguay

La Hidrovía Paraná-Paraguay (HPP) constituye un espacio geopolítico de vital importancia para los países que la componen. Constituida principalmente por los ríos Paraná y su mayor tributario el río Paraguay, ha sido utilizada desde épocas antiguas como canal de comercialización, transporte y comunicación entre los territorios y se ha constituido, en la actualidad, en una plataforma para la inserción de la región en el contexto internacional y regional.

Con base en esa vía navegable natural de 3442 km de longitud, se estructuró el Programa de la HPP, el cual transcurre por los territorios de América del Sur, desde su propio centro geográfico hasta el estuario del Río de La Plata, y encierra un importante significado histórico, económico y político.

Este programa ha sido presentado como un proyecto de integración entre cinco países: Argentina, Brasil, Paraguay, Bolivia y Uruguay, y se propone impulsar el desarrollo de una amplia región con un importante potencial económico. Ello puede visualizarse en los considerandos del tratado que pone en marcha este ambicioso proyecto, conocido como Tratado de Las Leñas de 1992.

Los Estados parte están

Persuadidos que la Hidrovía ParaguayParaná (...) constituye un factor de suma importancia para la integración física y económica de los Países de la Cuenca del Plata (...); crea una comunidad de intereses que debe ser apoyada en forma adecuada, eficaz y mancomunada, basada en la igualdad de derechos y obligaciones de sus países ribereños [y por lo tanto se encuentran] decididos a crear las condiciones necesarias para concederse mutuamente todas las facilidades y garantías posibles a fin de lograr la más amplia libertad de tránsito fluvial, de transporte de personas y bienes y la libre navegación.

Los antecedentes del programa se remontan al año 1969, cuando se procede a la firma del Tratado de la Cuenca del Plata.[44] Este instrumento propicia entre los Estados parte el desarrollo armónico de la región y la integración física de la cuenca y sus áreas de influencia, mediante el perfeccionamiento de las interconexiones viales, ferroviarias, fluviales, aéreas, eléctricas y de telecomunicaciones, entre otros.

"Artículo I. - Las Partes Contratantes convienen en mancomunar esfuerzos con el objeto de promover el desarrollo armónico y la integración física de la Cuenca del Plata y de sus áreas de influencia directa y ponderable."

En ese marco los cancilleres de los países parte del acuerdo declararon en 1987 como de vital interés el desarrollo del sistema fluvial de los ríos Paraná y Paraguay y en septiembre de 1989 se decidió la creación del Comité Intergubernamental de la Hidrovía (CIH), órgano que inició sus actividades en 1990. El CIH es el órgano encargado de coordinar, proponer, promover, evaluar, definir y ejecutar

---

[44]   La mencionada cuenca es uno de los sistemas fluviales más extensos del mundo. Su superficie es de aproximadamente 3.100.000 km2 y se extiende por los territorios de Argentina, Brasil, Bolivia, Paraguay y Uruguay, lo que le otorga el carácter de cuenca hídrica internacional. La mayor extensión se encuentra ubicada en el Brasil, donde alcanza 1.415.000 km2, luego en Argentina con 920.000 km2, en Paraguay con 410.000 km2, en Bolivia con 205.000 km2 y en Uruguay con 150.000 km2.

las acciones identificadas por los Estados parte respecto del programa de la HPP, así como de gestionar y negociar, previa conformidad de las autoridades nacionales, los acuerdos de cooperación técnica para el desarrollo del sistema fluvial involucrado. Asimismo se constituye en foro de entendimiento para los asuntos relacionados con el proyecto. A su vez, el CIH es el órgano político del Acuerdo de Transporte Fluvial por la HPP, suscripto en el Valle de las Leñas en 1992, el cual ha entrado en vigor en febrero de 1995.

En el marco del citado Acuerdo de las Leñas,[45] se diseñó un cronograma de obras necesarias para llevar a cabo el objetivo último del proyecto, el cual consiste en la posibilidad de mejorar las condiciones de la navegación a través del sistema hídrico, para permitir su uso durante las 24 horas diarias y durante todo el año. Asimismo se plantea la readaptación de la flota existente y la mejora en la infraestructura portuaria, acorde con las necesidades comerciales de la región en la cual se enmarca.

El citado cronograma se estructuró de la siguiente manera: una primera parte contempla las obras de infraestructura propiamente dichas y de inversión entre las cuales puede citarse: a) implementación y mantenimiento de obras y servicios en la vía navegable, b) sistema portuario, incluyendo obras, equipos y mantenimiento y c) flota, incluyendo adquisición y mantenimiento de la existente; y una segunda etapa que contempla el estudio vinculado con las cuestiones jurídicas,

---

[45]   Este acuerdo se encuentra vigente desde el 13 de febrero de 1995. Estipula en su artículo 30 que tendrá una duración de 10 años, fecha que se cumplió el 31 de diciembre de 2005. En ese sentido, el Comité Intergubernamental de la Hidrovía Paraguay-Paraná (Puerto de Cáceres-Puerto de Nueva Palmira), en su reunión extraordinaria celebrada en Buenos Aires, República Argentina, los días 16 y 17 de septiembre de 2004, acordó extender la vigencia del acuerdo. A este efecto se suscribió el 9 de diciembre de 2004 el Séptimo Protocolo Adicional del Acuerdo, por el cual se prorroga su vigencia y sus Protocolos Adicionales por un período de 15 años, a partir del 13 de febrero de 2005.

institucionales y administrativas, las cuales se han convertido en uno de los principales inconvenientes del programa.[46]

Con referencia al primer grupo enunciado, cabe señalar que en la primera reunión del CIH se definieron las prioridades en la ejecución de las obras y de los proyectos que debían implementarse en cada uno de los Estados parte. En ese marco se estableció que:

- En territorio argentino las obras deberán ser principalmente de balizamiento y señalización del curso de agua, desde la confluencia de los ríos Paraguay y Paraná hasta la desembocadura de este último en el Río de la Plata, dragando los sectores críticos para permitir la navegación durante todo el año.

- Con referencia a Bolivia, las tareas a desarrollar tienen que ver con el mejoramiento de la navegabilidad del sistema Tamango, implementación del proyecto "ferroportuario de Puerto Bush" sobre el río Paraguay y finalmente el balizamiento y la señalización del corredor Man-Céspedes.

- En el territorio brasilero, se emprenderá el balizamiento y la señalización del tramo Corumbá-Cáceres del río Paraguay, juntamente con el estudio del impacto ambiental y navegabilidad entre Corumbá y el río Apa.

- Con referencia a las obras que deberá implementar Paraguay se destacan el balizamiento y la señalización desde Asunción hasta Confluencia, con el consecuente dragado de los pasos críticos, y por último un derrocamiento en el remanso Castillo.

---

[46]   El "Estudio Institucional-Legal, de Ingeniería, Ambiental y Económico Complementario para el Desarrollo de las Obras en la Hidrovía Paraguay-Paraná entre Puerto Quijarro (Canal Tamengo), Corumbá y Santa Fe" fue realizado por el Consorcio Integración Hidroviaria (CSI-Grimaux-Internave-JMR-Vía Donau) con dos objetivos básicos: a) desarrollar el proyecto ejecutivo para llevar a cabo los trabajos de mejoramiento de la navegación en la Hidrovía y b) proponer los mecanismos institucionales y legales para posibilitar la contratación y ejecución de las obras.

- Finalmente en el territorio uruguayo se efectuarán obras de balizamiento y de señalización a fin de permitir la navegación diurna y nocturna en el acceso al puerto de Nueva Palmira.

Mapa N° IV
Hidrovía Paraná-Paraguay

Fuente: www.cicplata.org

Con el fin de poder llevar adelante las obras de infraestructura citadas, se implementó un plan de trabajo, dividido en diversos módulos que apuntan al estudio pormenorizado de diversas variables de importancia, entre los cuales podemos citar:

- El Módulo A que comprende los estudios de ingeniería de corto plazo, diseños ejecutivos y estudios de factibilidad económica e impactos ambientales directos de las obras propuestas para el tramo Santa Fe-Corumbá, y la señalización entre Nueva Palmira y Corumbá.
- El Módulo B1 que incluye estudios de ingeniería de mediano y largo plazo, diseños preliminares y estudios de prefactibilidad económica para el tramo Nueva Palmira-Cáceres.[47]
- El Módulo B2 tiene su eje en la evaluación del impacto ambiental de las obras de mejoramiento y del funcionamiento de la Hidrovía en toda su extensión.[48]

Este último módulo presenta gran interés por su concepción, atento a que se ha tomado al conjunto de las obras de infraestructura como generadoras de un posible impacto ambiental en toda la extensión de la cuenca. Esto pone de relieve la concepción de unicidad y de gestión integral de la cuenca hídrica internacional, teniendo en consideración que las obras realizadas en cualquiera de los espacios de la cuenca es factible que afecten su integridad. Sin perjuicio de la importancia de este tema, el mismo excede el análisis del presente estudio, tal como expusiéramos con anterioridad y podrá ser tenido en consideración para la elaboración de un trabajo específico sobre la temática ambiental.

---

[47]   Estos estudios fueron adjudicados al Consorcio Hidroservice-Louis Berger-EIH.

[48]   Este estudio fue adjudicado al Consorcio Taylor-Golder-Consular-Connal.

Posteriormente en el año 2000 el Programa de la HPP ingresó como parte de los proyectos de IIRSA, integrando un plan estratégico para el desarrollo de la infraestructura en la región sudamericana.

En ese contexto es que analizaremos el Programa de la HPP, no como un proyecto individual sino como parte de un proyecto integral en el marco de IIRSA. Su elección para el análisis tiene como fundamento entender que refleja una diagramación y una concepción diferente a la sustentada por otros proyectos de infraestructura, de conformidad con lo establecido en el capítulo anterior, y pone de relieve las diferencias existentes entre los Estados parte.

B. Análisis geopolítico de la Hidrovía Paraná-Paraguay

Tal como se expuso en los primeros capítulos, la diagramación del territorio y su concepción no es neutra sino que refleja determinadas expresiones de poder y, en el caso de la región sudamericana, esa expresión puede vislumbrase en la diagramación que actualmente poseen los proyectos de infraestructura de integración.

Es claro que IIRSA, de la cual la HPP forma parte, prioriza los ejes transversales en contraposición de los ejes longitudinales. Esta diagramación sobre el territorio sudamericano ha sido uno de los puntos estratégicos de la política exterior brasileña que propicia la monopolización de la circulación del tráfico y la producción, e impulsa la neutralización de los países más cercanos a la Cuenca del Plata, principalmente de Uruguay y de Argentina.

El general Carlos de Meira Mattos en su libro *Uma Geopolitica Pam Amazonica* de 1980 menciona que "Nuestra posición [la de Brasil] en la región no puede ser cuestionada, ya que desde el punto de vista geopolítico es una verdad universalmente aceptada que la integración regional a lo largo del eje de las grandes cuencas fluviales coloca en posición privilegiada a la nación que domina la desembocadura oceánica del río" y continúa diciendo "Podemos observar (...) que en la integración de la Cuenca del Plata no disfrutamos de ese privilegio, que favorece a la Argentina y al Uruguay".[49]

Con el advenimiento de la democracia en los distintos países de la región, los esfuerzos políticos para mitigar las confrontaciones pasadas hicieron su principal aporte en la integración regional. En el caso particular de la HPP, ésta podría ser considerada como un proyecto político que tiende a impulsar un cambio en la estrategia geopolítica que venía llevando a cabo Brasil de ejes longitudinales versus ejes transversales. Sin lugar a dudas uno de los países más beneficiados con este esquema sería Argentina.

En un estudio denominado "Hidrovía, Un Examen Ambiental Inicial de la Vía Fluvial Paraguay-Paraná" de 1993 se menciona que la implementación del proyecto propiciará la apertura de nuevos territorios e incrementará la expansión de la frontera agrícola, y que la mejora de la infraestructura en rutas provocará, al agilizarse estos medios de transporte, la sobreexplotación de las tierras cultivadas. Asimismo el desarrollo urbano e industrial será facilitado por la implementación del programa y se reactivará y profundizará la producción de minerales en el

---

[49]   En sintonía con la política de ejes transversales el autor brasilero Osny Duarte Pereira en un documento referido a los pros y los contras de Itaipú de 1974 explica que el cambio en la relocalización de la represa obedeció más a cuestiones geoestratégicas que a razones económicas y de comercio, fundado en el taponamiento de la navegación aguas debajo de las fronteras de Brasil en todo el ámbito de la Cuenca del Plata y propiciando atraer para el Brasil al gobierno de la República del Paraguay y con ello la comercialización de su producción.

área de Bolivia y Brasil, especialmente en los cerros Mutún y Urucúm, respectivamente (1993: 43).

Con este pronóstico, es indudable la necesidad de diagramar y planificar mediante políticas públicas adecuadas el desarrollo del impacto sobre el territorio que tendrá el programa y definir cuáles son los objetivos que con él se intenta conseguir.

Con referencia a este último punto los diversos informes oficiales informan sobre la necesidad de la implantación de este programa a los efectos de lograr una mayor integración regional, sin perjuicio de lo cual y atento a lo que hemos expuesto, el proyecto entendemos tiene un objetivo diferente. En virtud de la diagramación que posee sobre el territorio, se considera que potenciará la lógica exportadora y profundizará el modelo productor de materias primas imperante en la región desde hace mucho tiempo.

La inclusión de este programa en IIRSA en el año 2000 forma parte de la estrategia de la política exterior de Brasil. Entendemos que este país no han abandonado la lógica de los ejes transversales, ya que éstos se han vistos reforzados por la misma diagramación que IIRSA ostenta sobre el territorio sudamericano, ya no basados en hipótesis de confrontación clásica sino en los beneficios comerciales y económicos que éstos representan para el mencionado país.

C. La Hidrovía Paraná-Paraguay y la integración comercial

Si bien en el programa de la HPP están involucrados cinco países de la región sudamericana: Argentina, Brasil, Bolivia, Paraguay y Uruguay y las cuencas de los ríos Paraguay y Paraná principalmente y los ríos Tieté y Uruguay, para cada uno de ellos la HPP tiene un significado especial y un impacto diferente. En algunos casos como en Paraguay el impacto es abarcativo de casi la totalidad del territorio, mientras que para Bolivia, Argentina y Brasil, tiene una zona de influencia en una región determinada, y para Uruguay significa la posibilidad de la reactivación portuaria en el sur del país.

Mapa Nº V
Zona de influencia de la Hidrovía Paraná-Paraguay

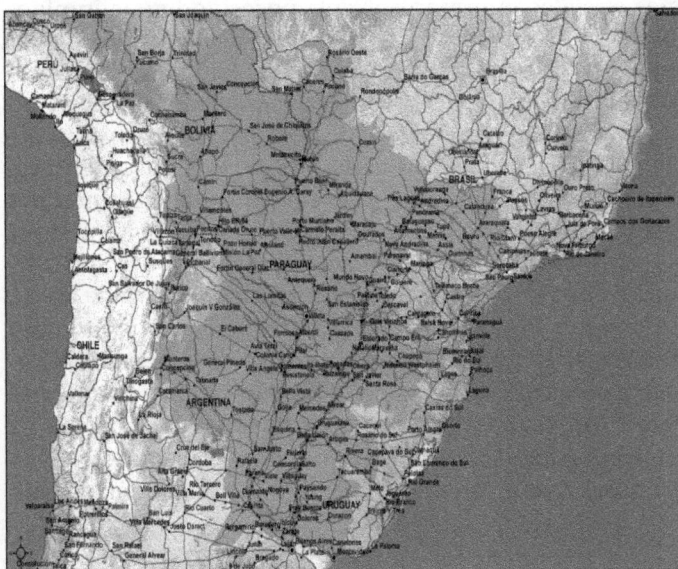

Fuente: www.iirsa.org

Algunos datos aportados por IIRSA indican que el eje "representa un mercado de más de 73,2 millones de habitantes en un área de influencia extendida de 3,8 millones de km2, con un PIB de aproximadamente US$ 419.341,1 millones (concentrados en un 93,4% entre el aporte de las áreas de influencia de Argentina y Brasil)." Se tiene prevista la ejecución de aproximadamente 94 proyectos con una inversión estimada de US$ 7.865,1 millones y se prevé la conexión de este eje con los ejes transversales de la cartera IIRSA conocidos como Interoceánico central, de Capricornio y MERCOSUR-Chile.[50]

Se visualiza aquí una de las claves por las cuales este proyecto pasó de tener una incidencia fundamental en los países de la Cuenca del Plata a formar parte de un esquema aún mayor de planificación hemisférica. El peso en las negociaciones de todos y de cada uno de los ejes de IIRSA diluye en forma sustancial la toma de decisiones en el eje de la HPP, ya que ésta deja de ser un acuerdo de cinco países para conformarse en un programa de doce Estados liderados por Brasil.

Desde el punto de vista comercial y de conformidad con los datos aportados por IIRSA en su página oficial, las principales exportaciones del área están constituidas por poroto de soja, petróleo crudo, minerales de hierro, tortas y harinas de semillas oleaginosas y concentradas de hierro. Estos productos dan cuenta del 28% de las exportaciones totales de los países del eje, y el 87% de ellas se despacha por vía marítima y fluvial.

Como puede apreciarse, la mayoría de los productos mencionados corresponden a *commodities* que en menor o mayor medida los Estados parte producen desde hace varios años. Esta vía de comunicación no aporta por sí misma valor agregado a los productos sino que se corresponde con un medio de transporte tradicional que conecta una región del continente con el resto del mundo, principalmente desde una visión estratégica hacia el océano Atlántico. Esta última visión estratégica de inserción internacional se ve actualmente amenazada por el avance de la lógica del

---

[50]   Ver mapa Nº I de los EID de IIRSA en el Capítulo III.

Pacífico que conecta con la región de Asia, maximizada por el avance de China en el comercio internacional.

Abona este criterio la Agenda de Implementación Consensuada de IIRSA (2005-2010),[51] en la cual los proyectos elegidos por la totalidad de los países han dejado fuera los específicos de la HPP poniendo el acento en aquellos que tienden a la interconexión de esta vía con los puertos del Pacífico.

Uno de los fundamentos que se esgrimen para el programa de la Hidrovía Paraná-Paraguay refiere a que la comercialización de productos por medio de la navegación suele ser menos onerosa que otro tipo de transporte, ya sea por la mayor cantidad de bienes que pueden transportarse en menor tiempo y por la menor inversión que se necesita en los costos mismos del transporte, esencialmente en el rubro combustible.

Cuadro N° IX
Cuadro comparativo de cargas

	BARCAZAS	FERROCARRIL	CAMIÓN
Km /combustible litro / Tonelada	500 km	120 km	15 km
Carga por unidad	1500 tn (barcaza)	40 tn (vagón)	25 th (camion)

Fuente: Instituto de Investigaciones Económicas. Bolsa de Comercio de Córdoba, 2003.

En este marco, cabe resaltar que proyectos como la HPP tienen como punto de anclaje el esquema económico antes descripto, que propicia incrementar el comercio, incentivar la integración y, como resultado de ello, el desarrollo de

---

[51]   Ver mapa N° III Agenda de Implementación Consensuada del IIRSA en el Capítulo III.

las regiones en la cual se instrumenta. Desde el punto de vista ambiental, los defensores del proyecto alegan que el impacto producido por las obras que se han de desarrollar, principalmente, en los cursos de los ríos,[52] no es significativo y consideran que es menos nocivo que el transporte de cargas realizado a través de las carreteras.[53]

En el estudio de la factibilidad económica solicitado en su oportunidad por la delegación de Brasil a INTERNAVE, empresa de origen brasileño, se arribó a la conclusión de que el proyecto presentaba una viabilidad significativa y se estimó que la inversión que iba a comprometer se acercaba a los 250 millones de dólares. Cabe destacar que el mencionado informe no incluyó entre sus previsiones el análisis del impacto ambiental, sino que se limitó a indagar acerca de la potencialidad económica, del impacto del proyecto en el desarrollo regional y de las potencialidades de integración que presentaba la vía fluvial y el programa de la Hidrovía en sí mismo. Sin perjuicio de ello, dejó asentado que se consideraba necesaria la evaluación del impacto ambiental en la región, poniendo especial énfasis en las tareas de dragado necesarias para incrementar el calado de los buques y fomentar la navegación durante todo el año, la apertura del Canal Tamango y el derrocamiento de

---

[52]   Los trabajos a desarrollar según el programa estarían dados principalmente por el dragado de los ríos (a los efectos de aumentar su profundidad), la estabilización de los canales, la excavación de las rocas, el realineado de los canales y el mejoramiento de la infraestructura portuaria y vial.

[53]   Sin perjuicio de ello, diversas ONG se oponen al mencionado proyecto y levantan como bandera el grave daño ambiental que las obras proyectadas ocasionarían a todo el sistema hídrico de la cuenca. Sostienen asimismo que el posible crecimiento económico no es tal si se tiene en cuenta las inversiones que habrá que hacer para contrarrestar los efectos de la desertificación y las inundaciones que ocasionará la implementación del proyecto.

Paso Castillo, como los ítems críticos del proyecto desde el punto de vista ambiental.

Asimismo estima que Brasil despacharía grandes cantidades de productores agrícolas a través de esta vía fluvial atento que los costos de transporte se verían disminuidos. En ese escenario, la zona de mayor producción de Brasil abandonaría otros medios de transporte y terminales portuarias, lo que beneficiaría a Argentina y a Uruguay en perjuicio de los empresarios brasileños. Este escenario de beneficios inequitativos podría atentar contra el propio proyecto y tornarlo políticamente inviable (Cáceres-Nueva Palmira).

Esta situación llevó a que se encomendaran, en 1995 por parte del CIH, dos nuevos informes. El primero de ellos debía contemplar el análisis económico y de las obras de ingeniería, y el segundo debía considerar y analizar los efectos ambientales del proyecto.

El primero de los informes mencionados fue llevado a cabo por la empresa de consultaría Hidroservice, Louis Berger e EIH (HLBE). Este nuevo informe fue presentado en 1997 y de él surge que el tramo entre Asunción (Paraguay) y Corumbá (Brasil), que conlleva casi el 70% de las obras del proyecto, podría sufrir ciertas alteraciones en virtud de que la mayor parte del transporte de esa región se concentraría en la soja y la oferta de otras vías de transporte resultaría más competitiva con referencia a la Hidrovía.

Si a este análisis se suma la cartera de proyectos existentes (IIRSA) que se superponen con el área de influencia de la HPP, esto hace suponer que en lo que respecta a Brasil el proyecto no resulta viable ni atractivo y ello refleja que el objetivo de la política exterior brasileña, en lo referente a este tema, no apuesta a la integración regional a pesar de los discursos políticos y de los documentos que se expresan en ese sentido.

El mismo informe resalta que "las proyecciones del tráfico hidroviario correspondiente a Cáceres/Corumba representan un costo de transporte relativamente elevado (…) para el viaje Cáceres-Nueva Palmira, resultando en una baja atractividad de la Hidrovía, por lo que las cargas se desvían a modos alternativos, carretero y ferroviario. Una vez que hayan sido consideradas las mejoras, se agregará posiblemente, un flujo importante de soja al tráfico de la Hidrovía, mejorando su economía".

Es de resaltar la potencialidad que se brinda a este análisis. Es claro que el proyecto de la HPP no es un proyecto por el cual Brasil se sienta atraído y eso da cuenta del tratamiento que ese país le ha otorgado en su agenda de integración física de la región.

Según un informe elaborado por IIRSA (2011) para conmemorar y analizar los diez años de la Declaración de Brasilia se destaca que

> En el caso específico de América Latina, se subraya el hecho que con los procesos de liberalización comercial, los países de la región enfrentan costos de transporte significativamente más altos que los aranceles. Las causas principales de ello son las fuertes deficiencias de infraestructura junto con la baja competencia que existe en los servicios de transporte. Se estima que una reducción de los costos de transporte pudiera tener un impacto mucho mayor al de la liberalización arancelaria, tanto en relación con el volumen como con la diversificación del comercio de los países de la región.

Atento a **é**ste y otros comentarios similares que se encuentran en este informe, IIRSA considera que para profundizar la liberalización del comercio en la región, en el marco del regionalismo abierto que ella propicia, es necesario prestar atención a la deficiencia y a la ausencia de la infraestructura para la integración. Este escenario comercial puede traer aparejadas **más trabas al comercio intrarregional que los propios aranceles**, a través de los altos costos del transporte, las distancias a recorrer y la optimización de los tiempos de traslado.

En esta concepción más amplia de la integración comercial se han destacado los avances acaecidos en el marco de nuevos estudios que incorporan a las teorías clásicas de comercio internacional una nueva concepción geográfica, en la que las conexiones físicas entre los Estados toman relevancia.

Uno de los pioneros en el análisis de estas variables ha sido Kruman que en 1980 sostuvo que cuando existen economías de escala, la decisión de la localización no es un dato menor. "Los productores quieren ubicarse cerca de las fuentes de demanda inusitadamente fuertes para reducir los costos del comercio" (Davis, 2000: 80).

En este marco se señala también la importancia que representan las fronteras para el comercio internacional, no basada en la lógica arancelaria sino en los costos que representan los transportes de mercaderías en el cruce de aquellas fronteras.

En ese sentido Davis señala en su trabajo:

> En una época en la cual la palabra "globalización" está de moda, es importante tener en claro cuán integrados son, o probablemente lleguen a ser, los mercados internacionales (...) el grado de integración internacional o segmentación de los mercados es también importante para pensar sobre una miríada de cuestiones de política, tales como la necesidad o el uso de políticas de competencia global o las implicancia del tipo de cambio sobre el ingreso y el empleo. De la misma manera, es importante pensar seriamente sobre la clase de cuestiones de localización (Davis, 2000: 81).

Con referencia a la localización y teniendo en consideración que los bienes que se transportan actualmente por la HPP corresponden a industrias que es imposible relocalizar de manera que se encuentren próximas a las demandas del mercado internacional, es lógico que los países instrumenten los medios adecuados para reducir esa distancia insalvable.

Consecuencia de ello es que si bien el programa HPP ha logrado entre 1988 y 2010 multiplicar el transporte de mercaderías, pasando de 700 mil a casi 17,4 millones de toneladas al año, el tráfico de bajada supera cuatro veces al de subida, y el 80% de este último corresponde a los combustibles (Muñoz Menna, 2011).

Según el citado Informe de IIRSA (2011), desde el área de influencia del eje de la HPP se realizaron exportaciones por un valor anual de US$ 114.969,9 millones para el año 2008 que, comparado con el valor anual de las exportaciones para el año 2000 (US$ 33.939,8 millones), desde la misma región se ha logrado una variación positiva del 238,7% en ocho años. Para el año 2008, el 83,5% de las exportaciones en valor desde los países que integran el EID son extra zona, mientras que el 16,4% (US$ 46.998,5 millones) corresponden a exportaciones entre los países del EID (intrarregionales).

Atento lo expuesto, la HPP es vital para canalizar parte de las producciones de Argentina, Paraguay y Bolivia en tanto que resulta de carácter secundario para Brasil y, en lo que respecta a Uruguay, significa la posibilidad de modernizar y optimizar sus puertos. Es relevante en tanto que esta vía histórica de comunicación y comercio no propicia la integración comercial entre los países de la región, sino que es el sostén de alguno de ellos para la inserción internacional en el mercado global.

El crecimiento del comercio que la región ha experimentado en la última década ha puesto en evidencia el deterioro y la ausencia de la infraestructura en la región. El nivel de intercambio comercial en la región aún no es significativo comparado con el nivel de intercambio que la región ostenta con el resto del mundo. Sin lugar a dudas la instalación y el mejoramiento de la infraestructura de integración podría favorecer el comercio intrarregional, pero como queda evidenciado en el caso de la HPP, no cualquier infraestructura propiciará ese escenario. Su diseño debe estar acompañado con una fuerte decisión política, que tome como parámetros los principios básicos de la geografía económica. Lo que se evidencia de los proyectos que se presentan es que la diagramación propicia una integración exógena, aunque los fundamentos formales de su instalación digan lo contrario.

La diagramación actual además acentuará la estructura productiva y no acompaña la instalación de cadenas productivas que impulsen la producción de productos con mayor valor agregado, máxime si se tiene en cuenta que el comercio intrarregional se concentra en estos últimos y no en los productos primarios, con excepción de los combustibles.

Esta problemática en el diseño de los proyectos se incrementa aún más si se tiene en consideración que "es probable que los proyectos transnacionales tengan costos y beneficios, financieros y económicos, distribuidos de forma asimétrica entre los países. Ello crea incentivos para que un país tome decisiones independientes que solo considere los costos y beneficios dentro de sus fronteras. Como resultado es probable que algunos proyectos regionales potencialmente valiosos sean ignorados o abandonados (Bond, 2001)."

Para finalizar, cabe resaltar que la HPP posee una diagramación que en primer término hace pensar en la posibilidad de que sea motor de la integración regional, especialmente por su trazado y por las regiones que atraviesa. Sin perjuicio de ello, aquello que sirvió de comunicación y de plataforma para el tráfico comercial en otras épocas hoy está influenciado por nuevas variables políticas y comerciales que hacen que ésta no posea el protagonismo que supo tener.

Los datos indican que esta vía fluvial es una plataforma de inserción internacional desde el punto de vista comercial, pero no posee similares beneficios para todos los países que la integran, lo que relega el tratamiento y la ejecución integral del proyecto.

Se estima que en el futuro inmediato perderá aún más peso en el concierto de las naciones sudamericanas, atento el dinamismo y la potencialidad comercial que se encuentra desarrollando actualmente la Cuenca del Pacífico. Esto acentúa la pregunta de cuáles son las reales dificultades que presenta la integración regional desde la perspectiva comercial. En este último período se han reducido aranceles y se han desarrollado e implementado obras de infraestructura tendientes a fomentar la integración tan deseada y promovida. Sin perjuicio de ello ésta presenta, como hemos descripto, niveles muy reducidos de intercambio. Los Estados deberán pensar en otras estrategias para lograr esta meta (si es que realmente existe) incorporando en las agendas de la integración estrategias de complementación de los sistemas productivos nacionales que promuevan el intercambio e incorporen valor agregado a los productos.

Capítulo V.
Conclusiones

En este capítulo se hace referencia a las diversas conclusiones a las cuales se han arribado a lo largo del presente estudio.

La situación de la infraestructura en la región sudamericana presenta niveles críticos de insuficiencia y deterioro. Esto dificulta gravemente la circulación tanto de productos como de personas en los diversos territorios de la región sudamericana.

La diagramación de la infraestructura existente responde más a criterios nacionales que a criterios de integración regional. Esto encuentra su sustento en las relaciones conflictivas que supieron mantener los Estados que conforman la región, las cuales revertieron su percepción a mediados de los años ochenta y principio de los noventa, iniciado un proceso de cooperación sur-sur enmarcado en los procesos de integración que se implementaron a futuro.

En los inicios de los nuevos procesos de integración, como el MERCOSUR, la agenda de la integración estaba integrada por temas políticos y comerciales, y tenía como sustento estratégico fortalecer la confianza entre los países, principalmente Argentina y Brasil. A mediados de los años noventa e influenciada por la premisas del Consenso de Washington, la agenda entre los países pasa a ser conformada por temas netamente comerciales y en ese contexto se estructura el Tratado de Asunción que pone en marcha el MERCOSUR en 1991.

Asimismo, los temas relativos a la infraestructura comienzan a delinearse. Algunos Estados encuentran en el desarrollo de la infraestructura la posibilidad de consolidar su posicionamiento estratégico (Brasil); otros, la ampliación de sus mercados y el perfeccionamiento de su salida al mar (Argentina, Paraguay y Bolivia); o la restructuración de la infraestructura existente, principalmente portuaria (Uruguay).

En el período 2000-2010, el PBI de la región presenta un crecimiento sostenido al igual que las exportaciones que los países realizan desde cada una de sus economías. Esta situación impacta directamente en la necesidad de una infraestructura eficiente y adecuada a las necesidades actuales.

Atento ello y mediante la iniciativa de Brasil se estructura IIRSA como Anexo del Comunicado de Brasilia (2000) que recibe el apoyo de la región. Este proyecto se sustenta políticamente en la profundización de los procesos de integración que habían consolidado los lazos de cooperación entre los Estados de la región y engloba como marca distintiva a todos los Estados de la región sudamericana, dejando de lado la concepción latinoamericana que se venía sosteniendo en procesos como la ALALC o la ALADI y ampliándola a la totalidad de la región, si se la compara con procesos como el MERCOSUR y la CAN.

Ante esta realidad que se presenta en el año 2000, nos efectuamos diversas preguntas que hemos intentado responder a lo largo del presente trabajo, tales como: ¿los proyectos de infraestructura responden a una integración regional endógena o exógena?; ¿cuál es la relevancia de los proyectos para los estados involucrados? En el caso de IIRSA, ¿cuál es su incidencia en Brasil? Y en el caso de la

HPP, ¿a qué modelo de integración responde y cuál es la importancia que representa para los países que la integran?

Del análisis en los diversos capítulos se diseñó la hipótesis que se enunciara al inicio del trabajo, la cual ampliamos en la presente conclusión: los proyectos de infraestructura física sudamericanos responden a una integración comercial de carácter exógeno, es por ende necesario un nuevo diseño de la infraestructura física que propicie la integración comercial de la región.

Las herramientas que hemos utilizado para arribar a esta hipótesis refieren principalmente al desarrollo conceptual de territorio, región e infraestructura regional, para aplicar luego estos conceptos a la región en estudio.

El conocimiento del territorio en cuanto a su organización, su estructura, sus potencialidades y su ubicación geográfica, entre otras características, nos brinda elementos de análisis que pueden vislumbrarse en la toma de decisiones de los Estados. Como expresáramos en un comienzo, el territorio no es un concepto neutro; cada una de las características mencionadas son expresiones de poder que pueden constituirse en relaciones de cooperación o de conflicto.

En el caso específico de la diagramación de la infraestructura física, plasmada en el territorio de un Estado o de una región, nos brinda la posibilidad de analizar las políticas de integración física que los diversos Estados han propuesto y las proyecciones que sobre la integración regional ésta es capaz de alcanzar.

En el caso de IIRSA, y como ha quedado plasmado, la lógica de la integración regional, hacia el interior de la región sudamericana, es relativa y no halla sustento en los niveles de comercialización que los Estados poseen, máxime si se toma en consideración el crecimiento que se ha experimentado en el período bajo análisis (2000-2010).

Es así que bajo la premisa de la integración regional se ha diagramado una infraestructura física sobre el territorio que propicia la integración exógena de la región. Encabezada principalmente por Brasil, ésta tiende, desde el punto de vista político y estratégico, a la consolidación de esta nación en el contexto internacional y, desde el punto de vista comercial, profundiza la matriz comercial existente en la región, ya que no fomenta las exportaciones internas con valor agregado ni la cooperación entre las naciones de la región tendiente a una complementación comercial. Esto último podría brindar la posibilidad de la diversificación de la producción, la creación de mejores puestos de trabajo y la consolidación real de la integración comercial entre los países.

Este análisis encuentra su fundamento en el capítulo II del presente trabajo, donde se desarrollaron las diversas variables de los países que conforman la región sudamericana, como territorio, población, PBI, comercio exterior de la región, balanza comercial y comercio intrarregional.

Desde la variable territorial y poblacional, evidenciamos una heterogeneidad en la distribución: Brasil posee el 47% del territorio y el 50% de la población total de la región. Asimismo se evidencia una inequitativa distribución de la población, concentrada principalmente en los centros urbanos de las regiones costeras. El diseño de la infraestructura física puede contribuir a profundizar o a atemperar la mencionada concentración poblacional. La creación de caminos, carreteras, puentes, líneas férreas que interconecten las zonas deprimidas con otras regiones más desarrolladas puede presentar un impacto positivo, sin perjuicio de lo cual la infraestructura que presenta IIRSA tendrá a las regiones sudamericanas más postergadas como miradores de los corredores interoceánicos, sin aportes sustanciales a su crecimiento y su desarrollo.

Desde la perspectiva económica y comercial, la región sudamericana vuelve a presentar altos niveles de heterogeneidad. En un contexto de crecimiento sostenido como el experimentado en el período analizado, los países de la región han profundizado las diferencias entre ellos (Brasil sostiene los niveles más altos de PBI en la región).

Similares características hemos visto con referencia al comercio exterior de la región con el resto del mundo. La región ha crecido sustancialmente en sus exportaciones con una variación entre los períodos 1998-2000 y 2008-2010 de casi un 350%. Encontramos en estos indicadores uno de los motivos por los cuales la infraestructura física comienza a ser un punto de vital importancia para los Estados sudamericanos y por los cuales empieza a integrar las agendas políticas de la integración.

Ante ello nos preguntamos: ¿por qué se incorpora la infraestructura física en la agenda de la integración y no en las agendas nacionales? Encontramos en parte la respuesta a esta pregunta en el apartado que analiza el comercio intrarregional. El 28% de las exportaciones totales de la región tienen por destino un Estado parte y este porcentaje se ha mantenido desde 1998 a pesar del crecimiento sostenido en los niveles de las exportaciones totales. La integración comercial de la región es realmente baja, con excepción de países como Paraguay y Bolivia que destinan entre el 70% y el 60% de sus exportaciones al mercado regional respectivamente.

Para Estados como Brasil o Argentina, la salida al mar, garantizada por sus conformaciones territoriales hacia el Atlántico, se ha tornado insuficiente. La apertura y el dinamismo de los mercados del eje Asiático, en especial China, fortalecen la necesidad de conexión entre estos países y el océano Pacífico. A los efectos de poder llevar a cabo esta opción más dinámica y con menor costo de trasportes, se impone la idea de la conexión de estos países con los

Estados andinos, lo que garantiza un canal de comercialización más dinámico.

Es en este marco que Brasil impulsa al IIRSA en el año 2000, atento la necesidad de arribar a acuerdos multilaterales a través de la agenda de la integración regional para la consecución de este fin, dejando de lado una diagramación intrarregional de comunicación.

En el Capítulo III y bajo la perspectiva de lo expuesto con anterioridad, se analiza al IIRSA desde las teorías de las relaciones internacionales y el modelo de inserción internacional que ella misma propicia.

Dentro de las relaciones internacionales, la teoría de la interdependencia y los regímenes internacionales es la que brinda las herramientas más adecuadas para el análisis de IIRSA.

En este apartado nos hemos preguntado si existe interconexión o interdependencia en la región sudamericana y cuál sería la incidencia de la iniciativa en cada una de estas premisas. Asimismo analizamos, desde la misma perspectiva, cuál es la situación que se presenta con el resto del mundo.

Con referencia a este último punto entendemos que la región se encuentra bajo la premisa de la interdependencia. Ello en virtud de que posee un grado de dependencia sensible con referencia a los niveles de intercambio comercial con el resto del mundo. Ello no sólo por el incremento experimentado en el comercio internacional, sino también por la dependencia que ellos generan en virtud de que los bienes principales que participan de dichos intercambios tienen sus valores establecidos por los mercados internacionales, como ser los productos agropecuarios y combustibles.

En este escenario de interdependencia, entendemos que IIRSA fomenta esta situación y la profundiza, y deja expuestos a los Estados a los vaivenes de los precios internacionales y sin autonomía en su fijación.

En relación con la región sudamericana, el grado de interdependencia no es homogéneo, y llega a presentar niveles de simple conexión. Este análisis encuentra sustento en el Capítulo III donde se exponen los niveles de comercialización intrarregional. Para algunos países como Paraguay, que destina aproximadamente el 70% de su producción a la región la interdependencia, es notoria; en cambio, países como Brasil o Argentina presentan niveles de simple conexión en los términos de la teoría de la interdependencia, prisma utilizado para el análisis de la integración comercial regional.

En este sentido entendemos que IIRSA profundizará esta dinámica y la interdependencia de la región con terceros países. La región, entendemos, necesita desarrollar las zonas deprimidas, descentralizar las grandes ciudades costeras y diversificar la producción, y agregarle así valor. Consideramos que IIRSA no constituye la plataforma para el crecimiento que la región necesita.

Ante este panorama, la iniciativa presenta un cambio significativo en el año 2008, en el cual pasa a formar parte de la UNASUR. Con referencia a esta situación, nos preguntamos qué había motivado el cambio y, a los efectos de hallar una respuesta adecuada, nos centramos en el análisis que realizan Kehoane y Nye. Destacamos el rol de Brasil en el cambio de estructura de IIRSA, que lo vuelve a posicionar y a fortalecer como potencia regional en el marco de los procesos de integración.

Por último, en el Capítulo IV decidimos comenzar con el estudio y análisis de un proyecto puntual incluido en la iniciativa IIRSA. El proyecto elegido se centró en la HPP, motivado por el hecho de ser uno de los proyectos, juntamente con el eje Andino del Sur, que posee una conformación vertical en contraposición con la mayoría de los ejes diseñados que describen una trayectoria horizontal.

Constituida como vía de comunicación desde la época de la colonia y formalizada su trascendencia desde lo formal en los años noventa, pasó a constituirse con posterioridad en uno de los EID de IIRSA (2000).

La HPP no ha podido a lo largo de estos años conformarse en su integridad (Puerto Cáceres a Nueva Palmira) y encontramos en su análisis geopolítico algunos de los fundamentos: primero, la falta de incentivo por parte de Brasil, dado que la HPP no beneficia a este país de la misma manera que los demás ejes de integración proyectados, ya que la salida de su producción al océano Atlántico se encuentra garantizada por los diversos puertos que posee en su litoral. Segundo, la gran discusión que existe de este proyecto, en particular desde el punto de vista ambiental, ya que las obras de dragado proyectadas en los ríos que conforman la HPP tendrían un impacto ambiental negativo en el pantanal brasileño. En tercer lugar, la inclusión de este programa en IIRSA lejos de fortalecerlo, lo ha diluido en el esquema de discusiones multilaterales donde su peso político y geoestratégico se ve relegado a un desarrollo principalmente de Argentina, Bolivia y Paraguay, pero la mayoría de las obras deben realizarse en el primero de ellos y no encuentra igual iniciativa en su socio principal del Mercosur.

Algunos autores, como Osny Duarte Pereira, ven en esta dinámica brasileña, más que la falta de interés, una actitud activa dirigida a entorpecer las negociaciones y la optimización de las obras de este programa, lo que fomenta su limitación río abajo y atrae para sí las producciones de Bolivia y Paraguay. En este marco el fundamento brindado por Brasil, principalmente referido al tema ambiental, es entendido como una forma de oposición al avance del programa.

Con referencia a este último punto, cabe destacar que en el presente trabajo no hemos hecho un análisis profundo de la temática ambiental, principalmente porque no era objeto de la hipótesis que se proyectó inicialmente, sin perjuicio de lo cual ella puede ser eje de un trabajo posterior a los efectos de discernir si las obras proyectadas sobre la HPP realmente tienen un impacto ambiental significativo en la región cisplatina.

Por otra parte, analizamos la integración comercial de esta región y su vinculación con la HPP. En este aspecto hemos concluido que la HPP constituye una fuente de conexión con el resto del mundo, principalmente de las producciones de Argentina, Bolivia y Paraguay. No se evidencia una real integración comercial entre los países que la componen, ya que los productos que se generan no tienen la característica de ser complementarios para poder desarrollar una verdadera cadena de valor que aporte un nuevo desarrollo a los productos de la región.

Por todo lo expuesto, y teniendo en consideración el análisis efectuado en cada capítulo, entendemos que existe evidencia suficiente para confirmar la hipótesis planteada: los proyectos de infraestructura física sudamericanos responden a una integración comercial de carácter exógeno, es por ende necesario un nuevo diseño de la infraestructura física que propicie la integración comercial de la región.

Esto se confirma tanto en IIRSA como en el proyecto singular elegido para el desarrollo, la HPP. Por lo cual, estos proyectos de infraestructura no profundizan en los términos planteados la integración entre los Estados parte, sino que responden a un proyecto concreto, económico y político, en el cual el mayor beneficiario es Brasil, lo que consolida su posicionamiento político y económico en la región y en el mundo.

Bibliografía

ACUÑA, Carlos y RIELLA, Alberto (comps) (2003), *Territorio, sociedad y región. Perspectivas desde el desarrollo regional y local,* Universidad de la República, Montevideo.

ANDER EGG, Ezequiel (1982), *Técnicas de investigación social,* Editorial Hvmanitas. Buenos Aires.

BANCO INTERAMERICANO DE DESARROLLO (2002), *Más allá de las fronteras: el nuevo regionalismo en América Latina,* Informe progreso económico y social en América Latina, Santiago de Chile.

——(2011), *IIRSA 10 años después: sus logros y desafíos.* BID-INTAL, Buenos Aires.

BANCO MUNDIAL (2011), *Informe: crecimiento a largo plazo de América Latina y el Caribe ¿Hecho en China?,* septiembre de 2011, Washington.

——(2008), *Informe sobre el desarrollo mundial. Una nueva geografía económica,* Washington.

BANDEIRA MONIZ, Luiz Alberto (2004), *Argentina, Brasil y Estados Unidos: de la Triple Alianza al MERCOSUR,* Editorial Norma, Buenos Aires.

BARBE, Esther (2007), *Relaciones internacionales,* Tecnos, Madrid.

BELTRAMINO, Juan Carlos (comp.) (1994), *Jornada sobre Derecho y Geografía,* Consejo Argentino para las Relaciones Internacionales (CARI), Manantial, Buenos Aires.

BERRIZBEITÍA, Luis Enrique (2005), "El papel de las entidades multilaterales regionales en el desarrollo sostenible", *CEPAL-Documentos de proyectos Integración económica y cohesión social: lecciones aprendidas y perspectivas*, publicación de las Naciones Unidas, Santiago de Chile.

BOISIER, Sergio (1994), *Universidad, desarrollo regional e inteligencia social*, Serie Ensayos Instituto Latinoamericano y del Caribe de Planificación Económica y Social, Naciones Unidas, CEPAL, Consejo Regional de Planificación, Santiago de Chile.

BOSCOVICH, Nicolás (1999), *Geoestrategia para la integración regional: ejes fluviales claves para el protagonismo argentino en la integración física del Mercosur*, Editorial Ciudad Argentina, Buenos Aires.

BOUZAS, Roberto (comp.) (1997), *Regionalización e integración económica, instituciones y procesos comparados*, ISEN, Grupo Editor Latinoamericano, Buenos Aires.

BROTONS, Remiro Antonio (1997), *Derecho internacional*, Editorial McGraw-Hill, Madrid.

BUCHER, Enrique *et al.* (1993), *Hidrovía un examen ambiental inicial de la vía fluviales Paraguay-Paraná. Humedales para las Américas*, Monomet, Massachusetts.

CAETANO, Gerardo (2006), *Parlamento regional y sociedad civil en el proceso de integración. ¿Una nueva oportunidad para "otro" MERCOSUR?*, Friedrich Ebert Stiftung, Montevideo.

CORPORACION ANDINA DE FOMENTO (2011), *La infraestructura en el desarrollo integral de América Latina: diagnóstico estratégico y propuestas para una agenda prioritaria*, Bogotá.

CEPAL/BANCO MUNDIAL/BID (2010), *Cómo reducir las brechas de integración. Escenarios y recomendaciones de políticas para promover la infraestructura física y reducir los costes del comercio intrarregional*, notas de discusión de políticas, Lima.

CEPAL (2011), *UNASUR. Un espacio de desarrollo y cooperación por construir*, (LC/L.3339) publicación de Naciones Unidas, Santiago de Chile.

——(2012), *Anuario estadístico de América Latina y el Caribe, 2011*, (LC/G.2513-P) publicación de las Naciones Unidas, Santiago de Chile.

——(2010), "Diagnóstico sobre las restricciones al desarrollo y a una integración económica más profunda", *División de Recursos Naturales e Infraestructura*, n° 7, publicación de las Naciones Unidas, Santiago de Chile.

CERCEÑA, Ana Esther (2002), "América Latina en la geopolítica estadounidense", *Theonai. Estudios sobre sociedad, naturaleza y desarrollo,* n° 6. Universidad Nacional de Quilmes, Argentina.

CIENFUEGOS, Manuel y SANAHUJA, José Antonio (2010), *Una región en construcción: UNASUR y la integración en América del Sur*, Fundación CIDOB, Barcelona.

COMUNIDAD ANDINA (2011), *Informe de la Secretaría General: principales indicadores de la Unión de Naciones Suramericanas 20002010,* documento estadístico.

DAVIS, Donald (2000), "Hacia la comprensión de los patrones del comercio internacional: avances de la década de los años noventa", *Integración & Comercio*, n° 10, INTAL.

DE BRITO, Luiz Navarro (1986), *Política e Espaco regional*, Editorial Nobel, Sao Pablo.

DE LOMBAERDE, Philippe y GARAY, Luis Jorge (2008), "El nuevo regionalismo en América Latina", en *Del Regionalismo Latinoamericano a la integración intrarregional*, Fundación Carolina, Madrid.

DIEZ DE VELASCO VALLEJO, Manuel (2009), *Instituciones del derecho Internacional Público*, Editorial Tecnos, Madrid.

DOUGHERTY, James y PFALTZGRAFF, Robert (1993), *Teorías en pugna en las relaciones internacionales.* Grupo Editor Latinoamericano, Buenos Aires.

GARCIA, Antonio (2006), *La estructura del atraso en América Latina. Hacia una teoría latinoamericana del desarrollo,* Editorial Andrés Bello, Bogotá.

GARCÍA GHIRELLI, José I. (1996), *Tratados y documentos internacionales,* Editorial Zavalía, Buenos Aires, Argentina.

GUIMARAES PINHEIRO, Samuel (2007), "El mundo multipolar y la integración sudamericana", en *Revista del Instituto del Servicio Exterior de la Nación (ISEN),* Buenos Aires.

HASENCLEVER, Andreas; MAYER, Peter y RITTBERGER, Volker (1999), "Las teorías de los regímenes internacionales: situación actual y propuestas para una síntesis", *Foro Internacional,* vol. XXXIX, n° 4, México.

HEIDRICH Pablo (comp.) (2008), *Energía e infraestructura en América del Sur: economía política de la integración,* Editorial Nuevo Ser, Buenos Aires.

HERNANDEZ, Ruby Daniel (1996), *Un modelo de Desarrollo Regional. Provincia de Buenos Aires,* Ediciones Macchi. Buenos Aires.

HOFFMANN, Stanley (1991), *Jano y Minerva (Ensayos sobre la Guerra y la Paz),* Grupo Editor Latinoamericano (GEL), Buenos Aires.

IIRSA Planificación Territorial Indicativa (2009), *Cartera de Proyectos,* Buenos Aires.

IIRSA (2005), *Facilitación del Transporte en los pasos de frontera,* Buenos Aires.

JAGUARIBE, Helio (2008), *Brasil, Mundo e Homem na Atualidade. Estudos Diversos,* Editorial Funag, Brasilia.

KEOHANE, Robert y NYE, Joseph (1998), *Poder e Interdependencia: La política mundial en transición,*

Grupo Editor Latinoamericano-Colección Estudios Internacionales, Buenos Aires.

KOUTOUDJIAN, Adolfo (2007), *Visión de negocios del Eje de la Hidrovia Paraná Paraguay*, IIRSA-INTAL- FONPLATA.

KOUTOUDJIAN, Adolfo; CARDENAS, Emilio; CAÑAS, María Fernanda; SAAVEDRA, Eduardo Jorge; BARTOLOMÉ, Mariano Cesar; MOORE, Walter (2001), *Geopolítica y globalización: Estado Nación, autodeterminación, región y fragmentación*, Editorial Universitaria de Buenos Aires.

LAURELLI, Elsa (1999), "El despliegue territorial de las restructuración económica y los procesos de integración: Buenos Aires y Mendoza: Dos Metrópolis en la disputa por la hegemonía regional y su inserción en un contexto de exclusión", en *Globalización y territorio. Impactos y perspectivas*, Red iberoamericana de investigadores sobre globalización y territorio (RII), Pontificia Universidad de Chile, Instituto de Estudios Urbanos, Fondo de Cultura Económica, Chile.

--- (2004), *Nuevas territorialidades: desafíos para América Latina frente al siglo XXI*, Ediciones Al Margen, La Plata.

LAURELLI, Elsa y DEMBICZ, Andrzej (2000), *Procesos Regionales en Europa Centro-Oriental y América Latina*, Serie Estudios y Memorias, Universidad de Varsovia, Centro de Estudios Latinoamericanos CESLA, Varsovia.

LLANOS HERNANDEZ, Luis (2011), "El concepto de territorio y la investigación en las ciencias sociales", en *Agricultura, sociedad y desarrollo*, septiembre-diciembre de 2010, vol. 7, nº 3, Editor General del Colegio de Postgraduados, México.

MIRANDA, Roberto (2007), "La participación argentina en la integración sudamericana: Cuestiones sobre su contenido político", en *Invenio*, vol. 10, n° 18, junio de 2007, Universidad del Centro Educativo Latinoamericano, Argentina.

MONSERRAT LLAIRÓ, María (2002), "Los grandes proyectos de infraestructura del Mercosur. La Hidrovía, realidades y controversias", en Juan Manuel Sandoval y Raquel Álvarez (comps.), *Integración y fronteras en América Latina*, Universidad de Los Andes, Ediciones del Vicerrectorado Académico, Mérida.

MONTAÑEZ, **Gómez Gustavo** y DELGADO MAHECHA, Ovidio (1998), "Espacio, territorio y región: Conceptos básicos para un Proyecto Nacional", en *Cuadernos de Geografía - Revista del Departamento de Geografía de la Universidad Nacional de Colombia*, vol. VII, n° **1-2.**

MORATA, Francesc (1999), *La Unión Europea: procesos, actores y política*. Editorial Ariel, Barcelona.

MUÑOZ, Enara Echart; VALENCIA, Rhina Cabezas y SOLTILLO LORENZO, José Ángel (2010), *Metodología de Investigación en Cooperación para el Desarrollo*, Editorial Catarata, Madrid.

MUÑOZ MENNA, Juan Carlos (2011), "El transporte por la Hidrovía Paraguay-Paraná", en *Revista de la Bolsa de Comercio de Rosario*, n° 1515, diciembre de 2011, Rosario.

NICOLAS HIERNAUX, Daniel (1995), "La Región Insoslayable", en *Revista EURE*, vol. XXI, n°63, Santiago de Chile.

ODEBRECHT, Emilio (2007), "La integración regional: factor de desarrollo sostenible", en *Diplomacia, estrategia y política*, n°**6 (abril/junio), Editor Carlos Henrique** Cardim, Brasilia.

RAPOPORT, Mario (2006), *El viraje del siglo XXI. Deudas y Desafíos en la Argentina, América Latina y el mundo*, Grupo Editorial Norma, Buenos Aires.

RAPOSO, Isabel (2004), *Nuevas articulaciones regionales y cambios en el territorio en nuevas territorialidades: desafíos para América Latina frente al siglo XXI*, Ediciones Al Margen, La Plata.

RENOUVIN, Pierre y DUROSELLE, Jean Baptiste (2000), *Introducción a la historia de las relaciones internacionales*, Fondo de Cultura Económica, México.

ROZAS, Patricio (2010), "América Latina: problemas y desafíos del financiamiento de la infraestructura", en *Revista CEPAL*, n° 101.

SAFAROV, Alejandro Gabriel (2000), "El territorio como factor dinámico de la integración: La ZICOSUR", en *Revista Persona*, Buenos Aires.

SANT'ANNA, José Alex (1997), *Integración en el sector transporte en el Cono Sur-transporte terrestre*, BID-INTAL, Buenos Aires.

SUBSECRETARÍA DE PLANIFICACIÓN TERRITORIAL DE LA INVERSIÓN PÚBLICA, Ministerio de Planificación Federal, Inversión Pública y Servicios (2008), *1816-2016. Argentina del Bicentenario – Plan Estratégico Territorial – Avance 2008*, Buenos Aires

TACCONE, Juan José y NOGUEIRA, Uziel (eds.) (2003), "Informe MERCOSUR N° 8, período 2001-2002", INTAL-Departamento de Integración y Programas Regionales-BID.

TORRES, Jorge (2008), *El concepto "integración latinoamericana": contenido, reformulaciones y continuidades*, Editorial Dunken, Buenos Aires.

ZIBECH, Raúl (2006), *IIRSA: la integración a la medida de los mercados*, Programa de las Américas (Silver City, NM: International Relations Center).

ZUGAIB, Eliana (2007), *A Hidrovia Paraguai Paraná*, Editorial Funag, Brasilia.

Páginas web de organismos internacionales consultadas

www.bid-intal.org

www.cepal.org

www.can.org

www.imf.org
www.worldbank.org
www.comtrade.un.org
www.iirsa.org
www.bcb.gov.ar
www.cicplata.org

COMUNICADO DE BRASILIA

Invitados por el Presidente de Brasil, Fernando Henrique Cardoso, los Jefes de Estado de Argentina, Fernando De la Rúa; Bolivia, Hugo Bánzer Suárez; Chile, Ricardo Lagos Escobar; Colombia, Andrés Pastrana Arango; Ecuador, Gustavo Noboa; Guyana, Bharrat Jagdeo; Paraguay, Luis Angel González Macchi; Perú, Alberto Fujimori Fujimori; Surinam, Runaldo Ronald Venetiaan; Uruguay, Jorge Batlle Ibañez; y Venezuela, Hugo Chávez; participaron en laReunión de Presidentes de América del Sur, los días 31 de agosto y 1º de septiembre de 2000.

También estuvieron presentes los Presidentes del Banco Interamericano de Desarrollo, Enrique Iglesias, y de la Corporación Andina de Fomento, Enrique García. Evento de carácter histórico y pionero en la región, el encuentro representó un importante estímulo para la organización de nuestra convivencia en el espacio común suramericano y para seguir apoyando, en América del Sur, la configuración de un área singular de democracia, paz, cooperación solidaria, integración y desarrollo económico y social compartido.

2. Realizada en el contexto de las conmemoraciones de los 500 Años del Descubrimiento de Brasil, la Reunión de Presidentes de América del Sur reafirmó el espíritu de entendimiento y armonía que identifica las relaciones entre

los países suramericanos y que debe ser constantemente promovido. Su realización resultó de la convicción de que la contigüidad geográfica y la comunidad de valores conducen a la necesidad de una agenda común de oportunidades y desafíos específicos, en complemento a su tratamiento en otros foros regionales e internacionales.

3. América del Sur inicia el nuevo siglo fortalecida por la progresiva consolidación de sus instituciones democráticas, por el compromiso con los derechos humanos, la protección del medio ambiente –aplicando el concepto de desarrollo sostenible–, la superación de las injusticias sociales y el desarrollo de sus pueblos, por el crecimiento de sus economías, por el empeño en mantener la estabilidad económica y por la ampliación y profundización de su proceso de integración.

4. La paz y el ambiente de amistad y cooperación entre los doce países suramericanos son características que distinguen favorablemente a la región en el ámbito internacional. La superación definitiva de diferendos territoriales, según ejemplo del acuerdo de 1998 entre Ecuador y Perú, constituye una demostración reciente del espíritu que prevalece en América del Sur, que ha hecho y hará de esta parte del mundo un área de paz y cooperación, sin conflictos territoriales. Los Presidentes de América del Sur reafirman en esta ocasión su adhesión al principio de la solución pacífica y negociada de controversias, en oposición al uso de la fuerza –o a la amenaza de su uso– contra cualquier Estado, en observancia a las normas pertinentes del Derecho Internacional.

5. Reconociendo que la paz, la democracia y la integración constituyen elementos indispensables para garantizar el desarrollo y la seguridad en la región, los Presidentes destacaron la importancia de la Declaración del MERCOSUR, Bolivia y Chile como Zona de Paz y libre de armas de destrucción masiva, firmada en Ushuaia en julio de 1998,

así como del Compromiso Andino de Paz, Seguridad y Cooperación, contenido en la Declaración de Galápagos de diciembre de 1989. En ese espíritu, los Presidentes acordaron crear una Zona de Paz Suramericana y, para ello, instruirán a sus respectivos Ministros de Relaciones Exteriores a adoptar las medidas necesarias para poner en práctica esa decisión. Los Presidentes estimularán igualmente la profundización del diálogo sobre seguridad en América del Sur, teniendo en cuenta incluso los aspectos humano, económico y social de la cuestión.

6. El respeto decidido a los valores de la democracia representativa y de sus procedimientos, de los derechos humanos, del Derecho Internacional, del desarme y de la no proliferación de armas de destrucción masiva constituye base esencial del proceso de cooperación e integración en que están empeñados los países suramericanos.

7. Los Presidentes coincidieron en la evaluación de que la estabilidad política, el crecimiento económico y la promoción de la justicia social, en cada uno de los doce países de América del Sur, dependerán en buena medida de la ampliación y de la profundización de la cooperación y del sentido de solidaridad existente en el ámbito regional y del fortalecimiento y de la expansión de la red de intereses recíprocos. Identificaron, en ese sentido, una serie de temas cuyo tratamiento podrá beneficiarse de un enfoque específico de cooperación suramericana: democracia; comercio; infraestructura de integración; drogas ilícitas y delitos conexos; información, conocimiento y tecnología.

8. Los Jefes de Estado reafirmaron el compromiso con la integración en América Latina y el Caribe, meta de política externa que está incorporada a la propia identidad nacional de los países de la región. Manifestaron la convicción de que el refuerzo de la concertación suramericana en temas específicos de interés común constituirá un aporte

constructivo al compromiso con los ideales y principios que han orientado su proceso de integración.

9. Los Presidentes recordaron que los procesos de carácter subregional en América del Sur, en particular el MERCOSUR, sus procesos de asociación con Bolivia y Chile, la Comunidad Andina, la Corporación Andina de Fomento, el Fondo Latinoamericano de Reservas, así como la ALADI, el Tratado de la Cuenca del Plata, el Tratado de Cooperación Amazónica, el Grupo de los Tres, el Mercado Común Centroamericano y el CARICOM, entre otros, han sido los elementos más dinámicos de la integración latinoamericana y caribeña. Articular América del Sur significa, por lo tanto, fortalecer América Latina y el Caribe. El ejercicio para la conformación de un área de libre comercio de las Américas está, también, basado en la consolidación de procesos subregionales.

10. Asimismo, los Presidentes se congratularon con la propuesta de la Comunidad Andina de iniciar un diálogo político con el MERCOSUR y Chile, aceptada formalmente en los acuerdos adoptados en la Cumbre del MERCOSUR, Bolivia y Chile, celebrada en Buenos Aires, el 30 de junio de 2000. En tal sentido, acogieron favorablemente la iniciativa boliviana de celebrar en su país dicho diálogo, el que contará con la participación de Guyana y Surinam en los temas de la agenda de interés común.

11. La consolidación y la instrumentación de la identidad suramericana contribuirán, así, al fortalecimiento de otros organismos, mecanismos o procesos regionales con un alcance geográfico más amplio, de los cuales forman parte países de América del Sur. Esa visión se aplica, en el ámbito político, especialmente, al Grupo de Río – al cual convergen las iniciativas de aproximación entre países de América Latina y Caribe –, a la Organización de los Estados Americanos, a las Cumbres de Jefes de Estado y de Gobierno de las Américas o a la Conferencia Iberoamericana, entre

otros foros. También se aplica, en el ámbito económico comercial, a la ALADI, al SELA o a las negociaciones
para la conformación de un área de libre comercio de las
Américas. La identidad suramericana, que se consolida en
países que comparten una vecindad inmediata, refuerza
y complementa los lazos bilaterales y multilaterales con
las otras naciones de América Latina y el Caribe, del continente y del mundo.

12. La cohesión de América del Sur constituye también
un elemento esencial para determinar, en forma favorable,
su inserción en la economía mundial. Los desafíos comunes
de la globalización –sus efectos desiguales para diferentes
grupos de países y, dentro de los países, para sus habitantes–, podrán ser mejor enfrentados en la medida en que la
región profundice su integración y continúe, de forma cada
vez más eficaz, actuando coordinada y solidariamente en el
tratamiento de los grandes temas de la agenda económica
y social internacional.

13. Los Presidentes de América del Sur coincidieron
en que el proceso de globalización, conducido a partir de
una perspectiva de equilibrio y de equidad en su desarrollo
y en sus resultados, puede generar para los países de la
región beneficios tales como la ampliación del comercio, la
expansión de los flujos de inversión y la mayor divulgación
del conocimiento y de la tecnología. Al mismo tiempo, este
proceso también genera desafíos que deben ser enfrentados
igualmente a través de compromisos políticos y acciones
concertadas de los países de América del Sur, de manera
que la globalización se convierta en un medio eficaz para
ampliar las oportunidades de crecimiento y desarrollo de
la región y mejorar en forma sostenida y equitativa sus
niveles de bienestar social.

14. Los Jefes de Estado concordaron con la evaluación
de que la determinación para implementar políticas ma-
croeconómicas consistentes es esencial para la estabilidad

interna de cada país y para garantizar avances continuados en los procesos de integración. Enfatizaron, por otro lado, la importancia fundamental de un ambiente económico externo favorable que complemente los esfuerzos nacionales y regionales.

Señalaron, en ese contexto, la importancia de precios adecuados para los productos básicos exportados por la región, teniendo en mente la importancia de ese aspecto para los esfuerzos de erradicación de la pobreza.

15. Es vital que las negociaciones comerciales multilaterales empiecen a ser orientadas por un mayor grado de equilibrio y de simetría entre los derechos y compromisos de países desarrollados y en vías de desarrollo. Los Presidentes recordaron que sus países adoptaron programas valerosos de apertura comercial en los años noventa, al mismo tiempo que persisten importantes barreras impuestas por los países desarrollados a exportaciones de productos suramericanos. La ejecución de los acuerdos de la Ronda Uruguay no fue suficiente para corregir los actuales desequilibrios en los flujos económicos y comerciales internacionales. El sistema multilateral de comercio aún padece de distorsiones provocadas por medidas proteccionistas y otras medidas de apoyo a su producción por parte de los principales socios.

16. Los Presidentes de los países de América del Sur reafirmaron su compromiso con el fortalecimiento de la Organización Mundial de Comercio y con el perfeccionamiento del sistema multilateral de comercio en bases equitativas, justas y no discriminatorias. Para ello, las futuras negociaciones comerciales multilaterales deberán basarse en una agenda positiva y tomar en consideración la relación entre comercio y desarrollo, así como las necesidades y preocupaciones específicas de los países en vías de desarrollo. Es prioritario para América del Sur el lanzamiento de una nueva ronda multilateral de negociaciones

comerciales, que incluya un compromiso claro sobre acceso y liberalización de los mercados agrícolas, así como sobre la eliminación de las distorsiones en dichos mercados y de los subsidios en este campo. Es también prioritaria la inclusión de fórmulas de tratamiento especial y diferenciado que tengan en cuenta las diferencias estructurales y respondan con instrumentos adecuados a las necesidades de los países en desarrollo.

17. Los desequilibrios en los mercados financieros internacionales siguen siendo fuente de preocupaciones. La comunidad internacional debe perseverar, con un mayor grado de prioridad, en la identificación y ejecución de medidas para corregir dichos desequilibrios, los cuales pueden tener efectos altamente negativos para los esfuerzos internos de estabilización económica en América del Sur. De la misma manera, para algunos de los países suramericanos muy endeudados, el servicio de su deuda no sólo constituye una pesada carga, como también pone en peligro la estabilidad y compromete seriamente su desarrollo económico y social. En ese sentido, los mandatarios instaron a la comunidad financiera internacional a trabajar para que se encuentre, entre todos, una rápida solución para ese problema y exhortaron a los acreedores a adoptar medidas tendientes a favorecer tal propósito, para contribuir así al restablecimiento del crecimiento económico de los países afectados por el endeudamiento y apoyar la lucha de los gobiernos de la región contra la pobreza.

18. Los Presidentes expresaron su satisfacción con la participación del Representante del Congreso Nacional del Brasil, Diputado Vilmar Rocha, y la presencia de los siguientes observadores: Representante de México, Jorge Castañeda; Secretario General de la Asociación Latinoamericana de Integración (ALADI), Juan Francisco Rojas Penso; Secretario General de la Comunidad Andina (CAN), Sebastián Alegrett; Presidente Alterno del

Parlamento Latinoamericano (PARLATINO), Ney Lopes de Souza Junior; Secretario Permanente del Sistema Económico Latinoamericano (SELA), Otto Boye; Secretario Ejecutivo de la Comisión Económica para América Latina y el Caribe (CEPAL), José Antonio Ocampo; Presidente del Directorio del Fondo Financiero para el Desarrollo de la Cuenca del Plata (FONPLATA), Genaro Sánchez; y Presidente del Consejo del Banco Latinoamericano de Exportaciones (BLADEX), Sebastião Cunha.

19. Los Presidentes de América del Sur dejan registrado, a continuación, los entendimientos, conclusiones y recomendaciones resultantes de sus deliberaciones sobre los temas de la agenda de la Reunión de Brasilia.

DEMOCRACIA

20. La consolidación de la democracia y de la paz en toda la región está en la raíz de la aproximación histórica entre los países de América del Sur y de la superación, por medio de soluciones negociadas, de disputas entre naciones hermanas. La plena vigencia de las instituciones democráticas representa así una condición esencial para el fortalecimiento de los procesos de integración regional. El amplio intercambio de ideas ocurrido durante la Reunión de Brasilia fortaleció el compromiso común irrenunciable con la democracia, la paz y la integración.

21. La democracia representativa es el fundamento de la legitimidad de los sistemas políticos y la condición indispensable para la paz, la estabilidad y el desarrollo de la región. Es indispensable estimular la participación efectiva, ética y responsable de los ciudadanos y de sus organizaciones en la democracia; contribuir a la modernización y al fortalecimiento de los partidos políticos; promover la participación de las organizaciones civiles y su contribución en el debate de los temas de interés público; ampliar el

acceso a la justicia a los pueblos de los países de América del Sur; garantizar el mantenimiento de procesos electorales libres, periódicos, transparentes, justos y pluralistas, basados en el sufragio secreto y universal; y estimular el fortalecimiento institucional de los procesos electorales mediante el uso de tecnologías avanzadas de informática.

22. Los Jefes de Estado coincidieron en que la democracia en América del Sur debe ser reforzada con la permanente promoción y defensa del estado de derecho; la aplicación eficiente de los principios de buena gobernanza; transparencia de las instituciones públicas y de los procesos de definición de políticas públicas; combate a la corrupción por medio de medidas legales, administrativas y políticas; reformas y perfeccionamiento de los servicios judiciales, con el objeto de consolidar sistemas más eficaces, transparentes y de amplio acceso para los habitantes de los países suramericanos; acceso libre a la información sobre las actividades de autoridades públicas, así como a los recursos administrativos; y aumento de los niveles de competencia y promoción de la ética y profesionalismo dentro del servicio público.

23. Los Jefes de Estado subrayaron la importancia del "compromiso democrático" del MERCOSUR, Bolivia y Chile, formalizado por el Protocolo de Ushuaia, de julio de 1998, y del Protocolo Adicional al Acuerdo de Cartagena sobre el "Compromiso de la Comunidad Andina con la Democracia". Se trata de dos garantías adicionales para la estabilidad política y la continuidad institucional en América del Sur. Inspirados por esos precedentes, decidieron que el mantenimiento del estado de derecho y el pleno respeto al régimen democrático en cada uno de los doce países de la región constituyen un objetivo y un compromiso compartidos, tornándose desde hoy condición para la participación en futuros encuentros suramericanos. Respetando los mecanismos de carácter regional existentes,

acordaron, en ese sentido, realizar consultas políticas en caso de amenaza de ruptura del orden democrático en América del Sur.

24. El fortalecimiento de la democracia, su perfeccionamiento y actualización están íntimamente ligados al desarrollo económico y social de los pueblos suramericanos. La pobreza y la marginalidad amenazan la estabilidad institucional de la región. Su erradicación seguirá mereciendo un tratamiento prioritario por parte de los gobiernos de América del Sur. En ese sentido, los Presidentes de América del Sur tomaron nota con satisfacción de la firma de la Carta de Buenos Aires sobre Compromiso Social en el MERCOSUR, Bolivia y Chile, el 29 de junio de 2000.

25. La llegada del nuevo milenio coincide con grandes retos en el escenario social en América del Sur. En las últimas dos décadas la vulnerabilidad de amplios sectores de la población de la región no ha dejado de aumentar. Permanecen las carencias esenciales en áreas como la nutrición, la salud, la educación, la vivienda y el empleo. Erradicar la pobreza absoluta y disminuir las desigualdades, incorporando las capas pobres a los demás sectores sociales en programas de desarrollo integral, exige la ejecución de programas que tengan efectos sobre la desnutrición y el acceso a la educación y servicios de salud básicos, a fin de mejorar los Índices de Desarrollo Humano de cada país.

26. Los Presidentes de América del Sur destacaron la necesidad de garantizar el derecho a una vida digna, como derecho inalienable de la persona, y señalaron la necesidad de definir un programa de acción pública regional incorporando múltiples actores sociales, económicos y políticos, con el objeto de favorecer –en el marco de reglas democráticas, y atendiendo a criterios sistemáticos y de solidaridad– la adopción de políticas que contribuyan para hacer frente a los desequilibrios históricos en la distribución de la riqueza. Asimismo, los Presidentes de América

del Sur coincidieron en la necesidad de impulsar acciones que fortalezcan los derechos y deberes ciudadanos y que contribuyan también a la seguridad ciudadana, estableciendo mecanismos de intercambio de información y de cooperación para esa finalidad.

27. Los gobiernos de la región reforzarán su empeño en la adopción de medidas necesarias para combatir las violaciones de los derechos humanos, incluso aquellas frecuentemente asociadas a situaciones de desequilibrio social. Con ese espíritu, los Presidentes de América del Sur instruirán a los órganos competentes a identificar programas de cooperación para el fortalecimiento institucional de los respectivos sistemas nacionales de protección de los derechos humanos. Los Presidentes de América del Sur reiteraron el compromiso con el Sistema Interamericano de Protección y Promoción de los Derechos Humanos y se comprometieron a prestar decidido apoyo al ejercicio de reflexión, en el ámbito de la OEA, con miras a su perfeccionamiento.

28. En el área de los derechos humanos, tiene un significado especial para las sociedades de América del Sur la lucha contra el racismo y la discriminación en todas sus manifestaciones y expresiones, en virtud de su incompatibilidad con el estado de derecho y con los ideales y la práctica de la democracia. Los Presidentes observan con preocupación el resurgimiento del racismo y de las manifestaciones y expresiones discriminatorias en otras partes del mundo y expresan su compromiso de preservar a América del Sur de la propagación de dicho fenómeno. Reconocieron que la Conferencia Mundial contra el Racismo, la Discriminación Racial, la Xenofobia y Formas Afines de Intolerancia ofrece una oportunidad sin igual para la búsqueda de respuestas adecuadas de la comunidad internacional. Los Presidentes reafirmaron que los países de origen y destino de aquellos que migran tienen

la responsabilidad de fortalecer la cooperación en esa área, a fin de asegurar a esas personas el pleno ejercicio de sus derechos humanos, especialmente el derecho a la vida y a un trato digno, justo y no discriminatorio.

COMERCIO

29. Los Presidentes de América del Sur coincidieron en la evaluación de los avances sustanciales en los procesos de integración económico-comercial entre los países de la región en los años noventa, así como en el entendimiento de que es necesario persistir en el fortalecimiento de tales procesos. Se refirieron a las negociaciones para la construcción del MERCOSUR, a la conclusión de acuerdos de libre comercio del MERCOSUR con Bolivia y con Chile, a los progresos registrados en el Sistema Andino de Integración, a los acuerdos de libre comercio entre Chile y los países de la Comunidad Andina y, también, al interés en fomentar una mayor articulación entre Guyana, Surinam y las demás economías suramericanas.

30. La participación del sector privado, tanto de empresarios como de trabajadores, y el apoyo de la sociedad representan garantías de éxito y continuidad para esos procesos. En esta perspectiva, los Presidentes decidieron instruir a sus Ministros competentes para coordinar la elaboración de propuestas para la constitución de un foro consultivo suramericano entre altos funcionarios y representantes civiles, con el propósito de identificar acciones conjuntas de los países de la región en los campos del comercio y de las inversiones, dirigidas hacia la consolidación y la profundización del proceso de integración en América del Sur. Esa iniciativa podrá contribuir también para facilitar la coordinación de posiciones suramericanas en los foros de la sociedad civil que han estado reuniéndose de forma regular en el contexto de las negociaciones

para la conformación de un área de libre comercio de las Américas. Tales negociaciones deberán tener en cuenta los diferentes niveles de desarrollo socioeconómico entre los países de América del Sur y, en particular las circunstancias, necesidades, condiciones económicas y oportunidades de las economías menores, con el objetivo de garantizar su plena y efectiva participación en dicho proceso.

31. Los Jefes de Estado del MERCOSUR y de la Comunidad Andina (CAN) decidieron iniciar negociaciones para establecer, en el plazo más breve posible y antes de enero de 2002, una zona de libre comercio entre el MERCOSUR y la CAN. Los Presidentes, en su conjunto, enfatizaron la importancia del proceso de liberalización de mercados en América del Sur y, dentro de esa perspectiva, acogieron con satisfacción el inicio del proceso de negociaciones para la plena incorporación de Chile al MERCOSUR.

32. Las negociaciones con vistas a la firma de un acuerdo de libre comercio entre el MERCOSUR y la Comunidad Andina, reconociendo el aporte de los acuerdos suscritos por la CAN con Brasil y con Argentina, representarán un impulso decisivo hacia la meta compartida de formación de un espacio económico-comercial ampliado en América del Sur, con la participación de Chile, Guyana y Surinam, basado en la progresiva liberalización del intercambio de mercancías y servicios, en la facilitación de las inversiones y en la creación de la infraestructura necesaria para alcanzar dicho objetivo.

33. Los Presidentes de los países suramericanos reafirmaron el entendimiento de que el proceso de formación de un espacio económico ampliado en la región obedecerá los principios del "regionalismo abierto" y reforzará la posición de los países de América del Sur en negociaciones importantes, que la región desea ver llevadas a buen término, como las de un área de libre comercio de las Américas, las negociaciones que involucran la búsqueda

de una mayor articulación con la Unión Europea, o en el ámbito de la Organización Mundial de Comercio, entre otras. Señalaron la expectativa de que esas negociaciones comerciales extraregionales deban contribuir para el desarrollo socioeconómico y para la plena integración de los países suramericanos en la economía internacional.

34. Los Presidentes de los países de América del Sur reafirmaron su apoyo al proceso de expansión y profundización de la integración económica en el Hemisferio. En ese contexto, recibieron con satisfacción los resultados de la V Reunión Ministerial del ALCA, realizada en Toronto en noviembre de 1999, y reafirmaron su compromiso con la construcción progresiva de un área de libre comercio en las Américas, cuyas negociaciones deberán estar terminadas a más tardar en el 2005, sobre bases equitativas y equilibradas que aseguren el acceso efectivo a mercados para las exportaciones provenientes de los países de América del Sur. Los Presidentes decidieron, para ello, intensificar la coordinación de las posiciones negociadoras de los países suramericanos.

35. Los Presidentes de América del Sur enfatizaron que las negociaciones del ALCA, para lograr resultados comprensivos y equilibrados, que satisfagan los intereses de todos los países involucrados, deberán tener en consideración las diferencias en los niveles de desarrollo y en el tamaño de las economías de los actores involucrados. El proyecto hemisférico debe ser un instrumento efectivo para el desarrollo sostenible y equitativo del conjunto de las Américas.

INFRAESTRUCTURA DE INTEGRACIÓN

36. Los Jefes de Estado observaron que el impulso de la integración transfronteriza se fortalece por ser una resultante, entre otros factores, de la proximidad geográfica,

de la identidad cultural y de la consolidación de valores comunes. Las fronteras suramericanas deben dejar de constituir un elemento de aislamiento y separación para tornarse un eslabón de unión para la circulación de bienes y personas, conformándose así un espacio privilegiado de cooperación.

37. Integración y desarrollo de la infraestructura física son dos líneas de acción que se complementan. La formación del espacio económico ampliado suramericano, que anhelan las sociedades de la región, dependerá de la complementación y expansión de proyectos existentes y de la identificación de otros nuevos proyectos de infraestructura de integración, orientados por principios de sostenibilidad social y ambiental, con capacidad de atracción de capitales extrarregionales y de generación de efectos multiplicadores intrarregionales. Avances en el campo de la infraestructura, por su parte, revertirán en nuevos impulsos para la integración, creándose así una dinámica que debe ser incentivada. Ese escenario sería también beneficiado por una política de inversiones con perspectiva regional y no sólo nacional.

38. Los Presidentes consideraron prioritaria la identificación de obras de interés bilateral y subregional. Por su volumen, la financiación de los proyectos de infraestructura de integración deberá ser compartida por los gobiernos, por el sector privado y por las instituciones financieras multilaterales, entre las cuales se destacan el Banco Interamericano de Desarrollo, la Corporación Andina de Fomento, el Fondo Financiero para el Desarrollo de la Cuenca del Plata y el Banco Mundial. Los Presidentes señalaron, en especial, la importancia de reglas que favorezcan el acceso de los países suramericanos a financiamientos de largo plazo y con intereses adecuados, por parte de las instituciones financieras internacionales, para proyectos de infraestructura.

Destacaron, además, la necesidad de identificación de fórmulas innovadoras de apoyo financiero para los proyectos de infraestructura, de manera a estimular la participación de inversores privados y a movilizar todos los recursos posibles, a semejanza del Fondo Latinoamericano de Reservas.

39. Los mandatarios de la región tomaron nota con especial satisfacción del Plan de Acción para la Integración de la Infraestructura Regional en América del Sur (anexo), que contiene sugerencias y propuestas, con un horizonte de diez años, para la ampliación y la modernización de la infraestructura física de América del Sur, en especial en las áreas de energía, transportes y comunicaciones, con la finalidad de configurar ejes de integración y de desarrollo económico y social para el futuro espacio económico ampliado de la región, teniendo presente, en particular, la situación de los países que enfrentan dificultades geográficas para tener acceso por vía marítima a los mercados internacionales. El mencionado Plan de Acción, elaborado por el BID, se valió ampliamente de aportes de la CAF y contó además con insumos de otros organismos regionales relevantes y de los países suramericanos.

40. Los Presidentes enfatizaron el papel motriz de la energía, de las redes de transporte y de las comunicaciones para la integración de los países de América del Sur. En ese sentido, los proyectos de infraestructura para la integración deben de ser complementados mediante la adopción de regímenes normativos y administrativos que faciliten la interconexión y la operación de los sistemas de energía, de transportes y de las comunicaciones.

41. En el campo de los transportes, los países suramericanos tienen como prioridad la conformación de redes multimodales, que mejor articulen la utilización de las vías terrestres, fluviales, marítimas y aéreas, así como faciliten el tránsito fronterizo de personas, vehículos y cargas, además

de contribuir para hacer más dinámico el comercio y las inversiones en el conjunto de la región. Aún en el campo de los transportes, los Presidentes recordaron la existencia de otras fuentes importantes de información para el trabajo de ampliación y modernización de la infraestructura física en América del Sur.

Señalaron, en ese contexto, la Red de Transportes y el Inventario de Proyectos Prioritarios para la Integración de América del Sur, aprobados por la Conferencia de Ministros de Transportes, Comunicaciones y Obras Públicas de América del Sur; el Plan Maestro de Transportes y su Infraestructura para América del Sur, elaborado por ALADI en el marco de la Conferencia de Ministros de Transportes, Comunicaciones y Obras Públicas de América del Sur; las actividades del Grupo de Trabajo Multilateral sobre Corredores Terrestres Bioceánicos; y el trabajo realizado en el ámbito del Tratado de la Cuenca del Plata y del Tratado de Cooperación Amazónica, cuyo propósito es integrar las redes de transporte.

42. En el sector de energía, la integración y complemento de los recursos del continente suramericano –en las áreas de carburantes líquidos y gaseosos, en materia de integración e intercambio de combustibles, como, por ejemplo, gas natural y de interconexión eléctrica y empresas en energía eléctrica– constituyen un eje de aproximación entre los países de la región, que debe ampliarse y mejorarse paralelamente a la preservación del medio ambiente y a la eliminación de barreras injustificables derivadas de restricciones y reglamentos en este sector.

43. Los Presidentes recordaron que el desarrollo de las telecomunicaciones es un factor indispensable para la constitución de los sistemas de logística y para la integración de los sistemas energéticos con una perspectiva regional suramericana. También se apoyan en la infraestructura de las telecomunicaciones las iniciativas de cooperación entre

los países de América del Sur para atender las demandas de la sociedad de la información.

44. Los Presidentes decidieron instruir a sus gobernadores en el BID y a los representantes ante los organismos financieros internacionales para que, cuando se juzgue oportuno, propongan en dichas instituciones –teniendo presente, incluso, las dificultades mencionadas en el párrafo 39 y la situación de los países con restricciones de endeudamiento externo–, la adopción de todas las medidas necesarias para la ejecución de las propuestas contenidas en el Plan de Acción anexo, con la finalidad de realizar estudios, prestación de servicios de consultoría y desembolso de financiamientos para apoyar la puesta en práctica de iniciativas para el desarrollo de ejes de integración para el futuro espacio económico ampliado de América del Sur. Los Presidentes destacaron, en ese sentido, la importancia singular del trabajo futuro de coordinación con el BID y la CAF, entre otros organismos internacionales y regionales relevantes.

45. Paralelamente, los Presidentes de América del Sur reforzaron el compromiso de atribuir prioridad política aún mayor a las iniciativas nacionales, bilaterales o subregionales ya en curso con miras a la modernización y al desarrollo de la red de infraestructura de integración en toda la región, destacando, en ese sentido, el papel fundamental del sector privado en dicha empresa.

46. Con el objeto de consolidar una visión regional integrada sobre líneas de acción para la ampliación y modernización de la infraestructura en América del Sur, con base en el ya citado documento anexo y en las demás referencias arriba, los Presidentes de los países suramericanos decidieron convocar, a través de sus cancillerías, una reunión de nivel ministerial, que deberá realizarse en noviembre/diciembre. La invitación de la República Oriental del Uruguay para ser sede de ese encuentro fue

aceptada con satisfacción. En esa oportunidad, también deberán examinarse fórmulas que estimulen y hagan viable el pleno compromiso de la iniciativa privada en ese proceso de modernización de la infraestructura en la región.

DROGAS ILÍCITAS Y DELITOS CONEXOS

47. Los Presidentes de América del Sur enfatizaron su preocupación por el problema de las drogas ilícitas y de los delitos conexos en la región, el cual – según realidades nacionales específicas – puede estar asociado a cuestiones como el contrabando, el tráfico ilícito de armas y el terrorismo. Se trata de amenazas que representan riesgos para la integridad misma de las estructuras políticas, económicas y sociales de los países suramericanos. El compromiso de los poderes del Estado y del conjunto de la sociedad civil es esencial en la lucha contra esos problemas.

48. Los Presidentes destacaron el papel de la OEA en el progreso de la lucha contra las drogas en el Hemisferio. Señalaron la importancia de la Estrategia Antidrogas del Hemisferio, de 1996, que aprobó el principio de la responsabilidad compartida. Subrayaron, además, la aprobación, en el ámbito de la CICAD, del Mecanismo de Evaluación Multilateral (MEM) en 1999, que, al utilizar parámetros transparentes y multilateralmente acordados para evaluar los avances en el combate a las drogas en cada país de las Américas, deberá incentivar la cooperación hemisférica y substituir iniciativas unilaterales de evaluación.

49. Reafirmaron, así, el compromiso de América del Sur con los principios que rigen las relaciones entre Estados y la cooperación internacional en ese campo: responsabilidad compartida entre los países productores, de tránsito o consumidores; y tratamiento equilibrado que confiera igual énfasis a los aspectos de control de la oferta, de reducción de la demanda y de tratamiento de los dependientes.

50. En lo que respecta a las medidas de control de la oferta, los Presidentes de América del Sur concordaron en estrechar la cooperación en los campos de la inteligencia, de las operaciones policiales, del control al tráfico y desvío de precursores químicos (inclusive la homologación de listas de substancias controladas en el ámbito regional) y del control al tráfico ilícito de armas, así como en combatir el lavado de dinero. Los Presidentes decidieron instituir un mecanismo formal de consultas regulares entre los órganos responsables de la lucha contra el narcotráfico y delitos conexos.

51. Los Presidentes reiteraron su interés en la creación de un grupo regional contra el lavado de dinero, al estilo del "Financial Action Task Force"/ Grupo de Acción Financiera (FATF/GAFI). En ese sentido, apoyaron los entendimientos a que llegaron los responsables nacionales de países suramericanos por el control del lavado de dinero, reunidos en Brasilia, los días 16 y 17 de agosto, ocasión en la que elaboraron el Memorando de Entendimiento sobre la creación del Grupo de Acción Financiera de América del Sur, GAFISUD. Asimismo, estimularon la participación de todos los países de América del Sur en el GAFISUD, así como la creación de una Secretaría Ejecutiva para el Grupo Regional.

52. Los Presidentes reiteraron su apoyo a la búsqueda de actividades económicas alternativas de carácter sostenible para garantizar ingresos adecuados a la población vinculada a los cultivos ilícitos, y se comprometieron a orientar a sus representantes para que examinen fórmulas que faciliten el acceso de los productos alternativos al mercado regional, en el contexto de negociaciones sobre la liberalización comercial en la región.

INFORMACIÓN, CONOCIMIENTO Y TECNOLOGÍA

53. Los Presidentes de los países de América del Sur coincidieron en la percepción de que las últimas décadas del siglo XX han presenciado la manifestación de una revolución del conocimiento sin precedentes, cuyas consecuencias afectan todos los ámbitos de la vida y se dejarán sentir con una intensidad todavía mayor en el futuro.

54. Los Presidentes coincidieron en que la vinculación existente entre la producción de ciencia y tecnología y el nivel de desarrollo de las naciones constituye una premisa que la realidad ha confirmado de manera persistente. El conocimiento científico y tecnológico se afirma, por lo tanto, como la base de producción de la riqueza nacional en todos los planos. En el ámbito nacional, el acceso al conocimiento y a la información es cada vez más determinante para impulsar y mejorar la calidad y la eficiencia del sector productivo, incentivar la creación de empresas de base tecnológica, especialmente pequeñas y medianas empresas, mejorar las oportunidades de trabajo, romper los círculos de marginación y pobreza y distribuir de manera más justa y equitativa la riqueza nacional.

55. En ese sentido, señalaron la importancia de que la aceleración del acceso a la nueva era de la sociedad de la información y del conocimiento sea respaldada en sus países por el fortalecimiento de un sistema de educación continuado, que asegure la educación en todos sus niveles a los más amplios sectores de la sociedad y asegure un acceso sin restricciones al conocimiento y a la información, a través de la incorporación y utilización creciente de las nuevas tecnologías de la información en los sistemas educativos y del acceso progresivo de las escuelas y de los centros de formación profesional a la INTERNET.

56. Los Presidentes estuvieron de acuerdo con la necesidad de emprender esfuerzos para implantar una

estructura básica de conexión entre la región y las centrales de INTERNET en el mundo. Además, concordaron en diseminar servicios avanzados de redes sobre esa estructura básica, incluyendo, entre otros temas, Procesamiento de Alto Desempeño, Bibliotecas Digitales, Telemedicina y Educación y Trabajo a Distancia, para poner el potencial de educación, ciencia y tecnología de la región al servicio del desarrollo sostenido de cada uno de los respectivos países. Los países de la Comunidad Andina destacaron las posibilidades de cooperación entre los países suramericanos con base en el precedente de los resultados del Comité Andino de Autoridades de Telecomunicaciones (CAATEL) y del Consejo Andino de Ciencia y Tecnología.

57. Reconocieron que, para avanzar en el desarrollo de la base científica y tecnológica de la región, es necesario estimular la constitución, con sentido solidario, de redes cooperativas de investigación en áreas estratégicas, cuya construcción permitirá la articulación de las competencias nacionales y el fortalecimiento de la infraestructura de investigación, para elevar la capacidad creativa y la competitividad de los países de la región a un nivel compatible con las exigencias de una sociedad del conocimiento y de la información, en el espíritu más amplio de la Declaración Ministerial sobre tecnología de información, comunicación y desarrollo, adoptada el 7 de julio del 2000, por el Segmento de Alto Nivel del Consejo Económico y Social (ECOSOC) de Naciones Unidas, documento ese que recoge las percepciones contenidas en la llamada "Declaración de Florianópolis", aprobada por los países de América Latina y el Caribe, en reunión regional preparatoria del mencionado Segmento.

58. Los Presidentes registraron que, con la intensificación del comercio en escala global, se está presenciando una sistemática reducción de las barreras arancelarias, al mismo tiempo en que se observa un progresivo aumento

de los obstáculos técnicos al comercio de nuestros países. El progreso científico y tecnológico demanda cada vez más laboratorios y estructuras complejas, operadas por personal de alto nivel científico y técnico, así como el desarrollo intensivo y extensivo de la educación superior en todos sus niveles. A mediano y largo plazos, solamente será posible una inserción superior de los países suramericanos en la economía internacional con la incorporación permanente de innovaciones tecnológicas, que eleven el valor agregado de las exportaciones y mejoren la competitividad regional. El compromiso de aplicar esfuerzos conjuntos al desarrollo de tecnologías básicas capaces de fortalecer dichas metas debe figurar entre las mayores prioridades de los Gobiernos suramericanos. En ese sentido, y teniendo en cuenta la reciente adopción del "Comunicado de Okinawa 2000", los países de América del Sur expresan su firme interés en interactuar con los miembros integrantes del G-8, sobre todo en el ámbito de las cuestiones relativas a los campos de tecnologías de información y biotecnología.

59. Los Presidentes de América del Sur acogieron favorablemente el anuncio, por parte del Gobierno brasileño, de un programa específico para el sector, que será concretado mediante el establecimiento de un Fondo Suramericano de estímulo a las actividades de cooperación científica y tecnológica en la región, en el cuadro de su integración a la sociedad de la información y del conocimiento, con participación abierta a todos los países, propiciando la realización de nuevas actividades y favoreciendo aquellas que se encuentran en curso.

60. Los Jefes de Estado de América del Sur se felicitaron por los resultados de la Reunión de Brasilia y por la forma objetiva, franca y transparente que caracterizó el intercambio de opiniones sobre los temas de la agenda. El encuentro ha reforzado las sinergias existentes en la región. Sus resultados constituyen un aporte importante para el

debate en curso sobre esos mismos temas en otros foros regionales y hemisféricos en los cuales también participan los países suramericanos.

61. Los Presidentes de América del Sur decidieron instruir a sus respectivos Ministros de Relaciones Exteriores para que tomen las providencias para designar, en coordinación con las áreas competentes, cuando sea necesario, puntos focales para la puesta en marcha de los compromisos contenidos en este Comunicado.

62. Los Primeros Mandatarios agradecieron al Gobierno y al pueblo de la República Federativa del Brasil por la hospitalidad recibida y destacaron la excelente organización que permitió el éxito de la Reunión de Presidentes de América del Sur, al igual que al Presidente Fernando Henrique Cardoso, por la iniciativa y la invitación que les extendió para este importante encuentro suramericano, que, sin duda, marcará un renovado rumbo de entendimiento en la región.

Brasilia, 1º de septiembre de 2000

Plan de acción para la integración de la infraestructura regional en América del Sur

Reunión de Ministros de Transporte, Telecomunicaciones y Energía de América del Sur
Plan de Acción para la Integración de la Infraestructura Regional en América del Sur
Comité de Coordinación Técnica (CCT)
Banco Interamericano de Desarrollo (BID)
Corporación Andina de Fomento (CAF)
Fondo Financiero para el Desarrollo de la Cuenca del Plata (FONPLATA)

Montevideo, República Oriental del Uruguay
4 y 5 de diciembre de 2000

Actualizado en la Tercera Reunión de Comité de Dirección Ejecutiva, 26 y 27 de mayo, Brasilia, Brasil

1. Introducción*
En el actual contexto de globalización, el desafío principal para la primera década de este milenio es lograr un más elevado ritmo de crecimiento sostenido, que se derive de procesos productivos basados en la tecnología y el conocimiento y cada vez menos en la dependencia de la explotación de recursos naturales. Sólo a través de un crecimiento apoyado en el aumento genuino de la productividad y de la competitividad, será posible para la región tener más relevancia a nivel mundial, creando al mismo tiempo las condiciones para un patrón de desarrollo sostenible que sea estable, eficiente y equitativo.

En el marco de los conceptos de competitividad y sostenibilidad, el desarrollo de la infraestructura regional adquiere especial relevancia en América del Sur. El tema no debe ser visto, sin embargo, de manera aislada e independiente. Esto implica no sólo mejorar la infraestructura en sí (vial, portuaria, aeroportuaria, fluvial, etc.) sino concebir un proceso logístico integral que incluya el mejoramiento de los sistemas y regulaciones aduanales, de telecomunicaciones, la tecnología de la información, los mercados de servicios de logística (fletes, seguros, almacenamiento y procesamiento de permisos, entre otros), y el desarrollo sostenible a nivel local.

En las últimas décadas, América del Sur ha realizado un esfuerzo importante en la construcción de la integración física. Especialmente en el último decenio, resalta la creación de la Red de Transportes y el Inventario de Proyectos Prioritarios para la Integración de América del Sur, aprobados por la Conferencia de Ministros de Transportes, Comunicaciones y Obras Publicas de América del Sur, cuya preparación tuvo la participación decisiva de la Corporación Andina de Fomento en el apoyo a la definición y financiamiento de los Ejes de la Comunidad Andina de Naciones y de ésta con el MERCOSUR.

Destacan así mismo las actividades del Grupo de Trabajo Multilateral sobre Corredores Terrestres Bioceánicos y el trabajo realizado en el ámbito del Tratado de la Cuenca del Plata y del Tratado de Cooperación Amazónica, cuyo propósito es integrar las redes de transporte. También destaca la importante labor desplegada por organismos como la Asociación Latinoamericana de Integración (ALADI), la CEPAL, el Comité Intergubernamental de la Hidrovía Paraguay-Paraná, la ALAF, la OLADE, la CIER, y las Secretarías e instancias gubernamentales de la CAN y del MERCOSUR en pos de la integración regional.

Así también, el BID, la CAF y el FONPLATA participan muy activamente, desde sus inicios, en las principales obras de integración física de los países de América del Sur. Se han ejecutado, o se encuentran en ejecución un número importante de proyectos de inversión en infraestructura, de los sectores de energía y transporte, que están dirigidos o tienen componentes significativos relacionados con la integración física de los países suramericanos. Estas iniciativas de inversión han sido complementadas por una intensa tarea de cooperación técnica por parte de estos organismos, destacándose la labor del INTAL en los temas específicos referidos a la integración regional. Además, el BID, la CAF y el FONPLATA han sido muy activos en su apoyo a las reformas económicas en la región que son un elemento clave en el aumento de demanda para la infraestructura física, así como en la facilitación de la participación del sector privado.

En el sector de energía, la Integración e intercambio complementario de los recursos del continente suramericano, como el gas y la hidroelectricidad ha comenzado a desarrollarse como un nicho de oportunidades para la aproximación sinérgica entre los países de la región. Estos desarrollos deben ampliarse y mejorarse paralelamente a la preservación del medio ambiente y la eliminación de barreras injustificables.

El desarrollo de las telecomunicaciones es un factor indispensable para la constitución de los sistemas de logística y para la integración de los sistemas energéticos con una perspectiva regional suramericana.

Sobre la base de los conceptos presentados de competitividad y sostenibilidad en un contexto de globalización y tomando en cuenta la experiencia desarrollada en las últimas décadas, fue elaborado el Plan de Acción para la Integración de la Infraestructura Regional de América del Sur que se presenta en este documento. El presente Plan de Acción para la Integración de la Infraestructura Regional en América del Sur está conformado por dos componentes: (i) las acciones básicas del Plan; y (ii) los mecanismos para la implementación y acompañamiento del Plan.

2. Acciones básicas del Plan

El desarrollo del Plan de Acción para la Integración de la Infraestructura Regional en América del Sur se llevará a cabo principalmente empleando el enfoque de ejes de integración y desarrollo, complementado con el desarrollo de procesos sectoriales necesarios para optimizar la competitividad y sostenibilidad de la cadena logística. A partir de esta visión estratégica deberán identificarse los requerimientos de tipo físico, normativos e institucionales para el desarrollo de la infraestructura básica al nivel suramericano, en la presente década. Para ello, se establecerán acciones por lo menos en tres planos: coordinación de planes e inversiones, compatibilización y armonización de los aspectos regulatorios e institucionales, y mecanismos innovativos de financiamiento público y privado.

El desarrollo de este enfoque será alcanzado mediante las siguientes acciones básicas:

• Diseñar una visión más integral de la infraestructura

La visión de la Infraestructura para la Integración se centrará en el desarrollo sinérgico del transporte, la energía y las telecomunicaciones. Adicionalmente, contemplará también la interrelación con la infraestructura social, la ambiental y la vinculada a las tecnologías de la información basadas en el conocimiento. Esta visión deberá ser concordante con las posibilidades reales de financiamiento e inversión.

• Encuadrar los proyectos dentro de una planificación estratégica a partir de la identificación de los ejes de integración y desarrollo regionales

De esta forma se procurará la mayor eficiencia en las inversiones que se implementen, coordinando los planes de obras de los diversos países y enmarcándolos en una visión estratégica de la integración que otorgue prioridad a las acciones en los grandes ejes de integración y desarrollo regional.

- Modernizar y actualizar los sistemas regulatorios e institucionales nacionales que norman el uso de la infraestructura

Deberá ponerse el mayor énfasis en los aspectos regulatorios e institucionales, que muy frecuentemente no permiten que se utilice adecuadamente la infraestructura existente, especialmente al nivel de los pasos de frontera, los sistemas de transporte multimodal y el transporte aéreo. También se procurará avanzar en la armonización regulatoria y reglamentaria para permitir el desarrollo de nuevas inversiones y la optimización del uso de las existentes, y profundizar la modernización de las agencias públicas, sus procedimientos, tecnologías y recursos humanos, tomando en cuenta la promoción y protección de la competencia, la regulación basada en criterios técnicos y económicos, y la elaboración y puesta a disposición de información relevante.

- Armonizar las políticas, planes y marcos regulatorios e institucionales entre los Estados

Apuntando a los objetivos de la integración regional, deberá avanzarse en la armonización de criterios para el diseño y la evaluación técnica, económica y ambiental integrada de los proyectos de infraestructura regionales, de modo de asegurar su sustentabilidad y minimizar los riesgos de discrecionalidad en la selección y apoyo a los mismos. Deben crearse los mecanismos para reforzar los efectos sinérgicos de aquellos proyectos de integración que sean complementarios, y para asegurar que los proyectos alternativos entre sí sean validados según sus propios méritos.

- Valorizar la dimensión ambiental y social de los proyectos.

Se adoptará un enfoque proactivo en la consideración de las implicancias ambientales y sociales de los proyectos de infraestructura, estableciendo criterios propios y normas comunes, y coordinando acciones. Profundizando la ya rica experiencia de nuestros países en el diseño de proyectos de infraestructura nacionales y regionales, la consideración del medio ambiente se iniciará desde la misma concepción de las obras, enfocándolo como una oportunidad para el aprovechamiento integral y enriquecimiento de los proyectos, y no sólo desde el punto de vista de la mitigación de los impactos no deseados de los mismos.

- Mejorar la calidad de vida y las oportunidades de las poblaciones locales en los ejes de integración regional

Se buscará que las obras de infraestructura generen la mayor cantidad posible de impactos locales de desarrollo, evitando que sean sólo corredores entre los mercados principales.

- Incorporar mecanismos de participación y consulta

Para la definición y selección de proyectos se procurarán mecanismos que hagan efectiva la participación y la contribución activa de las comunidades involucradas y del sector privado interesado en el financiamiento, construcción y operación de tales proyectos.

- Desarrollar nuevos mecanismos regionales para la programación, ejecución y gestión de proyectos

A partir del Mandato Presidencial de Brasilia a BID, CAF y FONPLATA, y de las experiencias desarrolladas en la pasada década, se establecerán mecanismos para la gestión y el financiamiento compartido de proyectos de integración física.

- Estructurar esquemas financieros adaptados a la configuración específica de riesgos de cada proyecto

Este esfuerzo debe incluir la búsqueda de soluciones innovadoras entre los Gobiernos y los organismos financieros multilaterales, que alienten la concurrencia del capital privado mediante estrategias comunes y soluciones e instrumentos creativos. Deberá procurarse que estas estrategias y soluciones atiendan a las características y preferencias de los mercados de capitales, al financiamiento de proyectos que constituyan oportunidades comerciales, y que provean una adecuada distribución de riesgos y beneficios entre los sectores público y privado participantes.

Las acciones básicas que anteceden deberán constituirse en la herramienta de trabajo común de los Grupos Técnicos Ejecutivos (ver próxima sección) para el diseño de su Programa de Trabajo. En este sentido, para el enfoque de ejes y procesos sectoriales se tomarán en cuenta las siguientes consideraciones:

1. Las restricciones de tipo presupuestario y de niveles de endeudamiento vigentes en muchos países de la región obligan a encarar un proceso cuidadoso de priorización en materia de inversiones públicas, así como promover en forma activa el interés y participación del sector privado en el desarrollo, gestión y financiamiento de los proyectos.

2. La armonización y compatibilización de marcos regulatorios y reglamentarios es también un pilar fundamental para acelerar el proceso de desarrollo del Plan de Acción, así como el logro de resultados concretos en el corto plazo.

3. La agilización de trámites en los pasos de frontera se constituye en una acción trascendente para el logro de resultados tangibles en el corto plazo.

4. El aprovechamiento de las oportunidades que presentan los proyectos de inversión y otras iniciativas, de manera de acrecentar sus efectos ambientales y sociales positivos.

3. Mecanismos para la Implementación y Acompañamiento del Plan de Acción

En el orden operativo, el Plan incorpora una modalidad de trabajo para arribar a objetivos consensuados con base en métodos y tareas compartidas. Es de gran importancia instrumentar acciones de seguimiento para la implantación de las decisiones y directivas promovidas por las máximas autoridades de América del Sur, mediante un mecanismo que defina con claridad formas de trabajo, metas, y cronogramas, y un esquema claro de asignación de responsabilidades.

Dicho mecanismo debe tener un perfil técnico y político que permita viabilizar e impulsar la toma de decisiones oportuna y eficiente respecto a los mandatos de los Jefes de Estado en materia de desarrollo de la infraestructura regional. Para ello, el diseño de este mecanismo se fundamenta en cinco preceptos básicos:

1. Evitar la creación de nuevas instituciones, aprovechando los recursos humanos y financieros de instituciones nacionales, regionales y multilaterales ya existentes, buscando esquemas de cooperación y optimización de esfuerzos y recursos entre ellas.

2. Procurar que los diversos elementos del mecanismo de seguimiento reflejen el máximo y continuo compromiso político de alto nivel, que promuevan una presencia cercana y permanente al proceso decisorio por parte de las instituciones de financiamiento, que permitan interpretar las necesidades de la sociedad, y que faciliten la capacidad de gerenciamiento interna de los Gobiernos.

3. Asegurar la participación plena de todos los Gobiernos de América del Sur y el alcance de decisiones consensuadas entre las partes involucradas.

4. Facilitar la toma de decisiones de los Gobiernos de América del Sur mediante un proceso de interacción ágil y flexible entre dichos gobiernos y las entidades regionales y multilaterales que presten su asesoramiento técnico especializado.

5. Contar con un cronograma de trabajo pre-establecido con objetivos secuenciales y tareas específicas para los diferentes núcleos que compongan la estructura de seguimiento.

Tomando como base los preceptos mencionados con anterioridad, se presenta a continuación una propuesta del mecanismo para la Implementación y Acompañamiento del Plan de Acción para el Desarrollo de la Integración de la Infraestructura Regional en América del Sur. Este mecanismo estaría conformado de la siguiente manera:

- Un Comité de Dirección Ejecutiva (CDE)
- Un Comité de Coordinación Técnica (CCT)
- Grupos Técnicos Ejecutivos (GTEs)

Nivel directivo
Comité de Dirección Ejecutiva (CDE)

Este nivel estaría conformado por un Comité de Dirección Ejecutiva (CDE) integrado por representantes de alto nivel designados por los Gobiernos de América del Sur, pertenecientes a aquellas entidades pertinentes que los respectivos gobiernos consideren convenientes. Se recomienda que el CDE tenga una Presidencia y dos Vicepresidencias. La Secretaría del CDE será ejercida por el Comité de Coordinación Técnica (CCT) y conformada por el BID, la CAF y el FONPLATA, según el Mandato de la Reunión Presidencial de Brasilia.

Las acciones del CDE tendrían como objetivos básicos, el desarrollo y la aprobación de una visión y un vocabulario unificado; la recomendación de directrices destinadas a las estructuras competentes internas de los gobiernos; y la formulación de propuestas que puedan perfeccionar las iniciativas en proceso de implantación.

En base de ello, este Comité sugerirá orientaciones de política en cuanto a las áreas del Plan de Acción en materia de coordinación de planes e inversiones; marcos regulatorios, reglamentarios e institucionales; y financiamiento, mediante el análisis de las propuestas técnicas consensuadas surgidas de los Grupos Técnicos Ejecutivos (GTE) y propuestas por el Comité de Coordinación Técnica (CCT).

Dadas las características multinacionales, multisectoriales y multidisciplinarias de las iniciativas que conforman la integración de la infraestructura regional en América del Sur, un aspecto de singular relevancia estaría relacionado con la coordinación interministerial a nivel de la estructura gubernamental interna de cada país. En función de ello, cobra relevancia que además de los Ministerios sectoriales correspondientes, Ministerios tales como los de Relaciones Exteriores, Planeamiento y los de Economía o Hacienda, según corresponda en cada caso, se encuentren involucrados en el plano decisorio interno del CDE. Este enfoque permitiría que las iniciativas que involucren decisiones ligadas a negociaciones internacionales con otros países y/o referidas al financiamiento de proyectos y a la implantación de marcos regulatorios y reglamentarios que faciliten la participación del sector privado, cuenten con el aval político integral que a nivel de cada gobierno requiere el tipo y alcance de las iniciativas a ser impulsadas por el Plan de Acción. Se estima conveniente que el CDE, en una etapa inicial se reúna cada seis meses.

Nivel técnico
Comité de Coordinación Técnica (CCT)

Este nivel estará conformado por un Comité de Coordinación Técnica (CCT) integrado por representantes del Banco Interamericano de Desarrollo (BID), la Corporación Andina de Fomento (CAF) y el Fondo Financiero para el Desarrollo de la Cuenca del Plata (FONPLATA).

El objetivo de la acción de este Comité se orientará hacia la identificación de una cartera de proyectos fundados en una visión unificada, la recomendación respecto a la intervención del Estado para la mitigación de "fallas de mercado" y sus riesgos, la promoción de la participación del sector privado en la operación y financiamiento de proyectos y promover, identificar, cuantificar y seleccionar los recursos financieros públicos y/o privados para el desarrollo de los proyectos.

El CCT promoverá la identificación y selección de mecanismos de financiamiento innovativos y creativos para los proyectos de inversión en infraestructura regional. Para ello, este Comité coordinará el apoyo técnico a ser prestado por las entidades que lo componen en las áreas prioritarias establecidas por el Comité de Dirección Ejecutiva y por los Grupos Técnicos Ejecutivos.

El Comité será coordinado en forma rotativa cada seis meses. La entidad que ejerza en cada período la función de Coordinación será el portavoz del Comité. Por otra parte, el CCT contará con una Secretaría conjunta y colegiada de las instituciones que lo componen. Esta Secretaría estará localizada en forma permanente en la sede del BID-INTAL en Buenos Aires. El BID, la CAF y el FONPLATA, destacarán un funcionario permanente por institución para integrar esta Secretaría y garantizar su funcionamiento eficiente y colegiado.

Esta Secretaria será denominada "Secretaria del CCT / BID-CAF-FONPLATA".

Grupos Técnicos Ejecutivos (GTE)

Los Grupos Técnicos Ejecutivos (GTE) estarán integrados por funcionarios y expertos designados por los Gobiernos de América del Sur, pertenecientes a aquellas entidades que los respectivos gobiernos consideren pertinentes. Estos Grupos Técnicos Ejecutivos se constituirán para cada eje de integración y desarrollo y para cada uno de los procesos sectoriales de integración aprobados por el CDE.

Los GTE analizarán temas específicos para cada eje o proceso, tales como armonización y/o compatibilización de marcos normativos, métodos para la identificación y evaluación integrada de proyectos, estudio de los aspectos ambientales y sociales, acciones que impulsen el desarrollo de zonas de densificación económica abarcadas por el área de influencia del eje respectivo, definición de mecanismos institucionales al nivel de cada gobierno para atender las acciones requeridas, entre otros.

Estos grupos tendrán un carácter temporal ya que se reunirán para analizar los temas que formen parte de su Programa de Trabajo, y una vez que hayan finalizado ese trabajo cesarán en sus funciones.

Los GTE constituyen el nivel de trabajo técnico de los Gobiernos sobre la base de las directivas que surjan del CDE. Para ello, coordinarán sus requerimientos con el CCT, el que dará su apoyo para gerenciar las demandas técnicas y operativas ligadas al desarrollo de los trabajos que correspondan a cada eje o proceso sectorial de integración.

Al enfocarse el desarrollo de la infraestructura regional a través del concepto de ejes de integración y desarrollo y de procesos sectoriales, los GTE tendrán un carácter multisectorial y multidisciplinario. A nivel operativo, cada GTE contará con un Gerente y un Asistente Técnico que cubrirán las funciones de Secretaría del grupo respectivo. Los cargos de Gerentes y Asistentes Técnicos serán ejercidos por expertos contratados por las instituciones que integran el Comité de Coordinación Técnica. Estos expertos ejercerán la coordinación técnica del trabajo de cada grupo, requiriendo a los representantes que participan en cada uno de ellos que se instrumenten las acciones y decisiones necesarias para avanzar en la implantación del Programa de Trabajo del grupo. Asimismo, los Gerentes de los respectivos GTE podrán solicitar a través del CCT el apoyo en calidad de asesoramiento técnico por parte de organismos regionales, subregionales e internacionales que actúan en el área de acción de cada grupo.

Una vez que las diferentes acciones vayan siendo consensuadas en el seno de cada grupo, las mismas serán eje-
cutadas a nivel nacional por las entidades responsables pertinentes en cada caso. Desde la etapa de análisis preliminar
hasta la etapa de ejecución física de las acciones previstas,
el Gerente del GTE presentará al Comité de Coordinación
Técnica informes mensuales, a fin de que el CCT mantenga
actualizado al Comité de Dirección Ejecutiva, o le solicite la
instrumentación de acciones tendientes a corregir desvíos
originados en la falta de cumplimiento de acciones por
parte de alguno o algunos de los gobiernos que participan
en ese GTE.

A fin de atender las demandas técnicas que pudieran
surgir de cada GTE durante el desarrollo de su Programa
de Trabajo, las instituciones que conforman el CCT constituirán un Registro de Consultores y Firmas Consultoras, y
harán las previsiones presupuestarias adecuadas. También
se contaría con el apoyo técnico de agencias técnicas regionales especializadas. Cada Gerente de GTE, en consenso
con los representantes gubernamentales que integran el
grupo elevará al CCT las respectivas demandas técnicas.
En base a ello, las entidades del CCT analizarán dichas
demandas y llevarán a cabo las contrataciones necesarias
para atender las mismas en la medida que estén dentro de
las previsiones presupuestarias del CCT.

Para cumplir eficientemente las tareas encomendadas
al CCT, las Instituciones que lo componen podrán designar
representantes técnicos para efectuar un seguimiento de los
trabajos que desarrollan los GTE. Asimismo, el CCT podrá
coordinar la participación en los GTE de representantes de
otros organismos regionales, multilaterales o agencias de
gobiernos extrarregionales de financiamiento que demues-
tren su interés potencial en contribuir al financiamiento
de alguna de las iniciativas bajo análisis por parte del GTE
respectivo. De esta forma, se asegurará un alto grado de

coordinación entre los diferentes organismos de financiamiento para apoyar el emprendimiento de las acciones que surjan del ámbito de cada GTE, ya que estas entidades continuarán su proceso de programación de operaciones de préstamo y cooperación técnica con cada uno de los gobiernos de la región de acuerdo a sus procedimientos operativos habituales.

Por otra parte, los GTE podrán invitar en determinadas reuniones a representantes del sector privado nacional, regional e internacional a fin de que éstos contribuyan al análisis de las características regulatorias y de financiamiento que se encuentran bajo consideración en los grupos, y determinar si las mismas responden a las expectativas de los agentes privados interesados en participar en el desarrollo, operación y/o financiación de los proyectos previstos. Los Gerentes de los GTE con la conformidad del CCT organizarán un Data Room que contenga toda la información relevante sobre las iniciativas impulsadas como parte del desarrollo del eje respectivo, facilitando el acceso de los agentes privados interesados a información sistematizada y organizada sobre tales iniciativas.

El Plan de Acción contará con un sitio oficial en Internet, el cual será construido y mantenido por el CCT. Cada GTE preparará la información relevante a ser incorporada en las publicaciones de este sitio. Esta acción asegurará un alto grado de transparencia a los trabajos técnicos a ser impulsados, así como permitirá establecer un canal de contacto y consulta con diferentes grupos interesados de la sociedad civil. Asimismo, los Gerentes de cada GTE deberán organizar en conjunto con los gobiernos respectivos, encuentros de consulta con la sociedad civil, cuando la evolución de los trabajos lo haga recomendable.

Desde el punto de vista operacional, se recomienda que los GTE lleven a cabo reuniones cada tres meses. Asimismo, se considera importante que la primera de las reuniones de los GTE, cuya conformación sea aprobada por los Gobiernos de América del Sur se lleve a cabo durante el año 2001. En el marco de esa primera reunión, cada GTE deberá definir su composición y su Programa de Trabajo que incluirá los objetivos, principios básicos, metas, funciones, metodología de trabajo y cronograma de tareas del grupo. Desde el punto de vista temporal, los cronogramas de tareas de los GTE deberán establecer metas de corto (dos años), mediano (cinco años) y largo plazo (diez años) en función del tipo de iniciativas incluidas en cada eje o proceso sectorial, así como de la disponibilidad de recursos humanos, materiales y financieros disponibles para su desarrollo.

Tomando en cuenta las consideraciones anteriores, el proceso de ejecución del Plan de Acción iniciará mediante la conformación de Grupos Técnicos Ejecutivos que se abocarán a trabajar en las acciones tendientes a la implantación de los ejes de integración y desarrollo y procesos sectoriales de integración que se proponen más adelante en este documento.

4. Propuesta de criterios para la selección y priorización de ejes y propuestas sectoriales de integración

A fin de apoyar la tarea de los Gobiernos de América del Sur en materia de selección y priorización de ejes y procesos sectoriales de integración, se sugiere tomar en cuenta los siguientes criterios:

* Cobertura geográfica de países y regiones.
* Flujos existentes.
* Flujos potenciales.
* Volumen de inversiones recientes, en ejecución y proyectadas en el corto plazo en las áreas de influencia de los ejes.
* Interés y grado de participación del sector privado.

• Grado de sustentabilidad ambiental y social de los proyectos.

5. Ejes de integración y desarrollo identificados
Eje MERCOSUR-Chile
Eje Talcahuano-Concepción-Neuquén-Bahía Blanca
Eje Andino
Eje Interoceánico (Brasil-Bolivia-Paraguay-Chile-Perú)
Eje Perú-Brasil-Bolivia
Eje Brasil-Guyana-Surinam-Venezuela
Eje Porto Alegre-Asunción-Jujuy-Antofagasta
Eje Multimodal del Amazonas
Eje Multimodal Orinoco-Amazonas-Plata

6. Procesos sectoriales de integración
Sistemas Operativos de Transporte Multimodal.
Sistemas Operativos de Transporte Aéreo.
Sistemas Operativos de Transporte Marítimo.
Facilitación de Pasos de Frontera.
Armonización de Políticas Regulatorias, de Interconexión, de Espectro, de Estándares Técnicos y de Universalización de Internet.
Instrumentos para el Financiamiento de Proyectos de Integración Física Regional.
Marcos Normativos de Mercados Energéticos Regionales.

7. Metodología y cronograma de trabajo
Con base en las decisiones de la Reunión de Ministros y tomando en consideración los ejes y procesos sectoriales de integración identificados, se conformarán tres GTE (dos ejes) antes de fines de marzo de 2001.

Asimismo, incorporarían otros tres GTE (dos ejes y un proceso sectorial) antes de fines de junio de 2001 y otros dos GTE (dos ejes) antes de diciembre de 2001. Los dos procesos sectoriales de integración deberán ser identificados en la reunión de la CDE de marzo de 2001. Hacia finales de 2001 se llevará a cabo una nueva reunión ministerial destinada a evaluar el avance alcanzado en el desarrollo del Plan de Acción hasta esa fecha, y a definir el cronograma de puesta en marcha de los GTE para la incorporación de los ejes y procesos sectoriales restantes.

Esta tirada de 100 ejemplares se terminó de imprimir en noviembre de 2015 en Imprenta Dorrego, Dorrego 1102, CABA